프로처럼 승리하는
민의법칙

프로처럼 승리하는

민의 법칙

발행일: 초판 1쇄 2016년 7월 31일
　　　　초판 2쇄 2016년 8월 15일

저자: 민경원
책임편집: 문은숙
경영지원: 안진희
펴낸이: 박진성

디자인: 엔드디자인
종이: 상산페이퍼
인쇄: 천일문화사
제책: 바다제책사

주소: 서울시 마포구 성산동 290-1 삼지빌딩 201호
전화: 02) 322-0640
팩스: 02) 322-0641
e-mail: seosubi@hanmail.net

ISBN　979-11-85025-29-2　03320

※ 책값은 뒤표지에 있습니다.
※ 잘못 만들어진 책은 구입하신 서점에서 교환하실 수 있습니다.

프로처럼 승리하는

민의법칙

게임하듯 즐기고, 연애하듯 집중하라!

| 민경원 지음 |

북에디션
BOOK
EDITION

변하지 않는 꿈과
희망의 메시지

: 1등 지점장 인생의 전주곡 :

시작은, 그냥 한번 잘해보고 싶은 마음이었다. 사실 처음부터 꼭 1등을 하겠다거나, 무슨 대단한 기록을 세우겠다는 목표를 가졌던 것은 아니다. 워낙 지점 형편이 어려웠기에, 어떻게든 돌파구를 찾아내 직원들과 함께 잘 지내고 싶은 소박한 욕심뿐이었다. 그냥 한번 잘해보고 싶다는 막연한 생각으로 여기저기 돌아다니며 이일 저일 손을 대기 시작한 것이 운 좋게 잘 풀렸다. 하반기부터는 매달 한 등수씩 올라가더니 연도 말에는 그룹의 맨 앞자리에 서게 되었고, 이것이 '1등 지점장 인생의 전주곡'이 된 것이다.

그 뒤로, 가는 곳마다 우수한 성과를 거두었고 여러 차례 상을 받게 되었다. 단 한 번의 짜릿한 경험이 습관이 되어버린 것이다. 주변에 이름을 알리고 분에 넘치는 찬사도 받았다. 하지만 우리끼리 겨뤄서 매번 잘하는 것이 나의 최종목표는 아니었다. 우리가 다른 은행보다 홀

류하고 유능한 기관으로 평가받을 수 있고, 우리 힘으로 더 나은 직장을 만드는 것이 나의 최종 목표였다.

꼭 1등만이 삶의 목표가 될 수는 없다. 무슨 일이든 이기면 재미있지만, 등수와 상관없이 작은 일이라도 제대로 하는 것이 먼저다. 그러다 보면 값진 성과는 노력한 자에게 선물처럼 따라오는 것이다. 1등을 한다는 건, 직장에 대한 열성과 일에 대한 나의 한계를 확인해가는 과정이기도 했다. 승진과 출세를 위한 방편이 아니라 과정에 덧붙이는 재미이고, 결과에 대한 감동이었다. 덕분에 여러 번 만족스러운 성과를 거둘 수 있었고, 직원들에 대한 나의 설득력 또한 훨씬 더 높아졌던 것 같다.

공부를 잘하는 것과 사업실적으로 계속 앞서가는 것은 사뭇 다르다. 공부는 자기 혼자서만 잘하면 되지만 사업은 모든 사람이 잘해야 하기 때문이다. 더구나 지표가 매년 불어나 우수한 실적이 계속 이어지기란 여간 어려운 일이 아니다. 그럼에도 내가 직원들과 함께 꾸었던 꿈은 '지속 가능한 성장'이었다.

: 변하지 않는 꿈과 희망의 메시지 :

앞으로의 은행 환경은 내가 살아온 지난 40년과는 전혀 다른 모습으로 변해갈 것이다. 빠른 변화에 적절하게 대비해야 하겠지만, 알 수 없는 미래를 붙들고 불안해할 필요는 없다. 기원전에 쓰인 손자병법이 오늘을 사는 사람들에게도 여전히 읽히고 있는 것처럼, 세상에는 변하지 않는 삶의 지혜도 있다. 지금 해야 할 일에, 그리고 주위에 있는 사람들에게 최선을 다하면 된다고 생각한다.

그동안 강의나 식사자리에서 들려주었던 무용담과 시시콜콜한 이야기들을 책으로 묶어서 한번 정리해보는 것이 좋겠다는 권유를 받게 되었다. 대부분 직장의 후배들이었지만 그중에는 내가 줄곧 강의를 나갔던 교육원의 교수들과 지점장 시절 당시 거래처였던 회사의 간부들도 있다. 내게 많은 기회와 용기를 주셨던 분들이고, 지금까지도 감사한 마음은 여전하다.

책을 읽기는 좋아하지만 독자가 아닌 저자로서 책을 쓴다는 것은 내게 너무나 어렵게 느껴졌다. 좀처럼 엄두가 나지 않았지만, 나의 지나간 경험들이 미래를 준비하는 후배들에게 조그만 도움이라도 될 수 있을지 모른다는 생각으로 용기를 내보았다.

금융은 산업의 핏줄과 같은 존재다. 몸이 발달한다고 핏줄이 없어질 수는 없다. 기계가 발달하고 결제수단이 바뀐다고 해서 뱅킹이 사라지는 것은 아니다. 우리나라 100년의 은행 역사를 불안한 눈으로 지켜보는 후배들에게 나의 이야기가 '변하지 않는 꿈과 희망의 메시지'가 될 수 있기를 진심으로 바란다.

민경원

— 차 례 —

Chapter 1   // 콤플렉스와 역발상 //

콤플렉스는 나의 힘

섹시한 역발상

민의 법칙

콤플렉스와 역발상

콤플렉스는
나의 힘

직장생활을 하는 동안 나에게는 두 가지의 콤플렉스가 있었다. 하나는 술이고, 나머지 하나는 농협에 대한 부정적인 평가였다. 이러한 약점들이 나의 능력을 발휘하는 데 항상 커다란 장애가 된다고 생각했다. 그래서 '술 잘 먹는 사람'과 '누구나 알아주는 그럴듯한 직장에 다니는 사람'들을 몹시 부러워했다.

하지만 이런 약점들 덕분에 오히려 내가 성장하고 발전할 수 있었다. 약점이 있었기에 그것을 극복하려는 노력이 더욱 치열하게 이어졌고, 그런 노력이 오늘날의 성공을 가져다준 밑바탕이 된 것이다.

술 때문에 잃은 것도 많았지만 얻은 것도 있었다. 살아가는 데 술이 빠져 재미가 덜했던 것은 분명하지만, 술 때문에 건강을 염려하거나 늦은 귀가를 걱정하지 않아도 된 것이다. 술이 아니더라도 사람들과 친밀해질 수 있는 방법은 제법 많았다. 다만 술로 해결하는 능력을 가진 사람들보다는 이것저것 신경 써야 할 부분이 많았던 것도 사실이다.

직원들 사이에서 한때 '이벤트의 제왕'으로 불릴 정도로 많은 기획을 했던 것도 내가 술을 마시지 못하기 때문이었다. 그 결과 맛집 기행이며, 산악인 '코스프레', 공연 예술 탐방 등이 끊임없이 이어질 수 있었다. 술은 못하지만 직원과 고객의 마음을 움직이는 데 이러한 노력이 헛되지 않았다.

농협을 두고 경쟁력이 떨어진다거나 촌스럽다는 평가도 있었고, 간혹 관료적이라거나 권위적이라는 지적도 있었다. 이러한 평가와 지적이 한때는 불편하기도 했지만, 반면 스스로 배우고 가꾸며 겸허한 직장인으로 변화하도록 도움을 주었다. 나의 몸에서 힘을 빼주는 역할을 해준 것이다.

콤플렉스는 나에게 자만의 힘을 빼주고, 겸손의 힘을 길러주었다. 그런 자극이 없었다면, 나는 온실에서 자라온 화초처럼 나약하거나, 자기밖에 모르는 오만한 직장인으로 정년을 마쳤을지도 모르겠다.

: 술만 잘 먹으면 돼 :

선천적으로 나는 술을 마시지 못한다. 박카스만 먹어도 얼굴이 발그레해진다. 사회생활을 하는 데는 치명적이 아닐 수 없다. 더구나 사람들과 어울려야만 하는 직업인데 이런 안타까운 약점이 또 어디 있으랴! 가뜩이나 내성적인 성격으로 낯가림도 심한데, 사람들과 쉽게 친해질 수 있도록 매개체 역할을 하는 술을 못한다는 건, 나의 최대 약점이자 콤플렉스였다. 내게는 일종의 천적이나 다름없었다.

"한잔해 봐!"

"죄송합니다. 술을 잘 못합니다."

"아니, 한 방울도 못한단 말이야?"

맥주에 양주를 타는 것을 보며 기분 좋게 입맛을 다시는 분들이 있는가 하면, 나처럼 술잔을 사약 보듯 두려운 마음으로 바라보는 사람도 있을 테니, 세상은 참으로 불공평한 것이다. 잔을 치켜들고 분위기를 띄우려는 사람들 틈에서 병든 닭처럼 쭈그리고 앉은 내 모습이 얼마나 처량했던가.

술자리에서의 불편한 나의 사정을 알고 적당히 챙겨주는 고마운 분들도 있지만, 더러 막무가내인 사람들도 있다. 그럴 때마다 양해를 구해야 하니 어지간히 구차하고 번거로운 일이 아닐 수 없다. 오죽하면 나 같은 사람들을 위해 병원에서 '술 못 먹는 체질 증명서'라도 발급해주면 좋겠다는 생각을 했을까.

마시지는 못하지만 술의 좋은 점을 조금은 알고 있다. 몸과 마음이 넉넉해지고 기분도 좋아진다. 가끔 지나쳐서 몸이 상하고 후유증이 뒤따르기도 하지만, 술 한 잔으로 상대방과 쉽게 가까워질 수도 있다. 마음을 터놓거나 잊고 싶은 일들을 지워버리는 데도 도움을 준다. 불행하게도 나는 그것이 주는 유용함을 모르고 살아왔다.

다른 사람이 건네는 술잔을 거절하는 일 또한 마음 아프다. 그것은 윗사람이나 아랫사람에게도 마찬가지다. 나 역시 사람들과 술 한잔 같이하는 소박한 일상이 그리울 때가 있고, 직원들이나 친구들과 가볍게 한잔하면서 세상 사는 이야기를 나눌 수 있는 행복이 부러울 때도 있다. 그런데도 쉽게 술잔을 받지 못하는 나의 형편이 야속하기만 했다.

'처음에 다가가기가 어렵다.'는 이야기도 숱하게 들었다. 차가운 인상에 술마저도 도와주질 않으니 이래저래 술에 맺힌 한이 많다. 내가 술을 못한다는 얘기는 이제 뉴스거리도 안 될 만큼 전국에 알려져 있다. 덕분에 다소 편안해진 점도 있지만 다른 사람들을 신경 쓰게 만드는 것조차 나로서는 불편한 일이다.

만일 내가 어떤 일에 성공을 거두지 못한다면 그것은 술 때문일 것이라고 생각한 적도 있다. 처음으로 책임자가 되어 지방에 내려가게 되었을 때 "능력도 없고, 가서 어떻게 해야 할지 모르겠다." 하고 담당 과장에게 말했더니, "아무 걱정 하지 마! 술만 잘 먹으면 돼!" 하는 것이다.

이런! 내가 제일 못하는 게 그건데, 그것만 잘하면 된다고 하니 눈앞이 캄캄해졌던 기억이 난다.

: 맛집 기행 :

맛집을 찾아 다니게 된 것도 자연히 술과 관련이 있다고 봐야 할 것이다. 고객을 모실 때 칼국수 한 그릇이라도 맛있는 곳에 모시고 가면 만족도가 매우 높아진다. 그러니 자연 맛집에 관심을 갖게 될 수밖에 없었다.

술을 즐기는 분들은 안주를 높이 평가하고 술안주가 아닌 음식에는 별로 관심을 보이지 않는다. 하지만 나는 아무래도 음식에 관심이 많은 편이다.

맛집을 고르는 기준은 몇 가지 조건에 맞아야 한다. 가격이 너무 비싸지 않아야 하고, 주인의 독특한 기법과 정성이 깃든 집이어야 한다. 무엇보다도 상대방의 취향이 중요하다.

서울에 있을 때는 칼국수, 해물탕, 김치찌개 종류별로 하나씩 맛집을 알고 다녔다. 그것은 의외로 큰 자산이었다. 마음에 드는 식사를 하고 나면, 같이 식사한 사람까지 마음에 드는 법이다. 음식은 단순히 맛이 아니라 상대방에 대한 배려인 동시에 호감인 것이다.

고객뿐 아니라 직원들과 식사할 때도 대접받는 느낌을 주는 식당에 데리고 가는 것이 중요하다. 그리고 그 효과는 이루 말할 수 없을 정도로 크다. 미리 알고 있는 곳으로 예약하고 움직이는 것은 필수다. 존중받고 있다는 느낌을 주기 때문이다.

비용이 문제가 되면서 책임자들끼리 회비를 거둬 맛집 기행을 하기도 했다. 회비를 내더라도 맛이 있으면 용서가 된다.

: 노는 만큼 성공한다 :

예전에 같이 근무했던 직원으로부터 《노는 만큼 성공한다》는 제목의 책 한 권을 선물 받았다.

책의 내용은 '노는 것을 계획하는 사람은 행복하다. 그들은 일하는 것도 행복하다.'는 내용이다. 책장을 여니 이런 편지 글이 적혀 있었다.

이 책을 보면서 민 지점장님 생각이 났어요. 전라도 채석강으로 야유회 갈 때 저에게 학교 문방구에 가서 '코 달린 안경'이랑 '게임할 거리'를 사오라 시던 지점장님, 진짜 노는 것이 무엇인 줄 아셨던 분! 이 책을 읽으면서, '오! 어쩜 이렇게 나와 같은 생각을 하는 사람이 있지?'라고 공감하셨으면 좋겠습니다.

2012. 7. 11 김혜선 드림

봄가을 야유회를 가급적 멀리 갔다. 무조건 멀리 가는 데 목적이 있었던 건 아니다. '아무 데나 가까운 곳에 적당히 갔다 오고 말지.' 하는 생각을 버리고, 직원들이 사무실 행사를 통해서도 얼마든지 기쁘고 좋은 추억을 쌓을 수 있다는 것을 느끼게 해주고 싶었다.

지금까지 직장 내 놀이문화라는 건 주로 '먹는 것'과 '윗사람' 취향에 대한 배려 차원에서 이루어졌다. 많은 젊은 직원들이 그런 문화를 싫어했지만, 그들에게는 결정권이 없었다. 그저 앉아서 먹고 마시는 것이 야유회의 전부였다.

나는 먹는 것 대신에 '노는 것', 윗사람 대신 '아랫사람'으로 직장 내 놀이문화의 변화를 꾀했다. 그러기 위해서는 프로그램을 준비하는 것이 필요했다. 게임이나 놀이를 구상하고, 직원들에게는 그에 맞는 준비를 시키기도 했다.

"일하는 데도 스트레스가 쌓이는데, 노는 것까지 스트레스를 만들 필요가 있을까?" 하고 말하는 사람도 있지만, 이제는 일하는 것만큼 노는 것도 준비가 필요한 시대다. 직원이 보내준 책의 내용처럼 '노는 것이 힘든 사람은 일하는 것도 힘들다.'는 말이 맞을 것이다. 일하지 않는다고 해서 '노는 것'은 아니다.

지위나 체통을 버리고 직원들과 격의 없이 어울렸다. 나이가 들고 직급이 올라가도 변하지 않는 나의 그런 모습이 직원들에게는 낯설고도 신선하게 비춰졌던 모양이다.

"술을 안 먹고도 그렇게 잘 노시는 분은 처음 본 거 같습니다."

행사를 준비하는 사람들은 대개 '먹고 마시는 것' 위주로 준비를 한다. 그러다 보니 당연히 술을 마시게 되고, 나중에는 술에 취해서 아무것도 할 수 없게 된다. 직장 내 놀이문화에도 변화가 필요한 시점이다. 윗사람 취향에 일방적으로 맞추거나, 아무런 준비 없이 먹기만 하는 관행을 바꿔보고 싶었다.

먹는 것 위주에서 '노는 것'을 찾아보려는 나의 노력을, 직원들은 자신들에 대한 배려라고 생각했다. 지점장님은 잘 노니까, 일도 잘한다는 말을 들었는가 하면, 젊은 감각을 가지고 있다는 평가를 덤으로 얻게 되었다.

책에 나오는 말처럼, 노는 것을 성공시키는 사람은 일하는 것에도 성공할 수 있다.

: 농협에 대한 편견 :

농협은 지방보다는 도시에서 상대적으로 그 역할과 존재감이 떨어졌다. 이름에서부터 그렇다. 수도권에서 특히 심했고 직원들은 거의 농협 배지를 달고 다니지 않았다. 그만큼 직장에 대한 자부심이 떨어졌고,

그것은 직원들의 정신건강에도 좋지 않은 영향을 끼친다. 나 역시 대부분을 수도권에서 보냈으니 농협에 대한 생각이 예외일 수가 없었다.

IMF 이후에는 여러 은행이 사라졌고, 국민의 세금으로 막대한 공적자금이 투입되었다. 농협에도 많은 변화의 조짐이 일어났다. 새로운 은행들은 인수합병으로 몸집이 불어났고, 경쟁적으로 영업활동을 전개했다. 공격적인 경영이 시작되었던 것이다.

"농협에서도 이런 일을 할 수 있습니까? 다른 은행에서는 다 되는데 왜 농협에서만 안 되죠?"

무엇보다 기업과 관련된 기업금융이나 외환거래가 활발하지 않았던 탓에 금융기관으로서 상대적으로 부족한 인상을 주었던 것이다. 아예 묻지도 않고 안 될 거라고 생각하는 인식이 더 큰 문제였다.

농협에 대해서 '경쟁력이 떨어진다'는 지적은 직원들의 능력을 빗대는 말처럼 들려 가슴 아픈 대목이기도 했다. 수익보다는 공익을, 경쟁보다는 협동을 앞세우는 조직문화의 차이와 농협의 특수성에서 비롯된 것이기도 하다. 그러나 요즘은 다른 은행 못지않게 기업 거래가 많이 활성화되어 있다. 아니 오히려 지나치게 앞서가다 후유증을 앓고 있을 정도다.

'촌스럽다'는 평가를 받는 것은 농협으로서는 어쩌면 당연한 일인지도 모른다. 촌스러운 것이 나쁜 것도 아니고, 중요한 것은 '우리가 어떤 기능과 역할을 할 수 있느냐.' 하는 것이다. 하지만 지금은 제품보다 이미지를 팔고 있는 시대다. 농협도 젊은 미래의 고객들을 생각해야 하고, 낙후되고 후진적인 이미지로는 더 이상의 시장지위를 차지하는 것이 어려우므로 적극적인 이미지 관리가 필요하다고 생각한다.

"농촌은 어려운데 농협 직원들은 봉급을 많이 받잖아요?"

어떻게 대답해야 할지 모르겠다. 농촌은 어려운데 직원들만 배를 불린다는 비판 앞에서 우리는 언제나 자유롭지 못하다. 정직하고 성실하게 일하는 도리밖에 뾰족한 방법이 없다. 억지로 힘들게 잘하는 것이 아니라, 우리가 가지고 있는 능력을 제대로만 발휘한다면 충분하리라 생각한다. 직원들이 자존감을 잃지 않으며, 해야 할 일은 꼭 하고, 하지 말아야 할 일은 절대로 하지 않는 조직문화를 뿌리내려야 할 것이다.

관료적이라거나 권위적이라는 평가는 정부관서와 관계되는 일들을 많이 해왔기 때문이기도 할 것이다. 심지어 농협 직원을 공무원으로 알고 있는 사람들도 있다. 그동안 임직원들의 반성과 개선이 있었지만, 앞으로도 더 유연하고 시장에 가까운 모습으로 변해야 한다.

이러한 시장의 편견을 극복하기 위하여 나 스스로 담당과 소관을 따지는 일을 경계했고, 목에서 힘을 뺐다. 복장을 최대한 단정히 하고 언제나 넥타이를 착용했으며 가급적 콤비도 입지 않았다. 기꺼이 기업거래를 배우고, 새로운 업무를 익혔다. 이유야 어찌 되었든 우리를 둘러싸고 있는 여러 가지 편견은 농협의 발전을 가로막고, 직원들의 사기를 떨어뜨린다.

편견이 또 다른 편견을 부르고, 일하는 직원들을 위축시켜 창의적인 일을 할 수 없게 만든다. 그렇게 된 책임도, 그걸 바꿀 책임도 우리에게 있으므로 우리들의 뼈를 깎는 노력이 요구되는 것이다.

: 나비넥타이 :

우리가 쉽게 나비넥타이라고 부르는 나비 모양의 넥타이는 접객업소의 매니저들이나, 방송에서 주로 연예인들이 착용한다. 은행에서 은행원들이 매고 있는 모습은 아예 본 적이 없다.

나는 어려서부터 그 넥타이가 좋아 보였다. 나한테 어울리는지 아닌지는 모르겠지만, 내 눈에는 그저 좋아 보이기만 했다. 하지만 지금까지 매볼 기회가 없었다. 그러다가 분당에 있는 지점에 근무할 때, 객장 안내를 핑계 삼아 처음으로 나비넥타이를 매고 객장에 나타났다. 직원들의 반응이 예상보다 열렬했다.

"지점장님! 너무 잘 어울려요." 하면서 깔깔거린다. 직원들은 지점장이 남들에게 멋있게 보이는 것을 대체로 좋아한다. 나도 될 수 있으면 그런 기대에 맞춰보려고 신경을 쓰는 편이었다. 그래서 그걸 매고 객장에 나오면 직원들이 제일 먼저 좋아했고, 고객님들 중에도 엄지손가락을 치켜세우면서 좋아해주시는 분들이 계셨다.

지점장이 객장에서 왔다 갔다 하면, 혹시 자신들의 단점을 살피는 게 아닌가 하고 직원들이 긴장한다. 경직된 표정은 자연스러운 창구 분위기에 방해가 된다. 나비넥타이는 정중해 보이기도 하지만, 어딘지 코믹하고 익살스런 느낌도 준다. 그래서 가끔 사무실에서도 그 넥타이를 매서 직원들의 긴장을 풀어주고 분위기를 띄우려고 했다.

처음 나의 나비넥타이 맨 모습을 보신 분들은 '무슨 일이 있나?' 하고 궁금해하기도 하고, 어떤 분은 '혹시 이 사람이 가짜가 아닌가?' 하고 유심히 살펴보는 것 같기도 했다. 한번은 근처 증권회사 지점장이 부임인사차 들렀는데, 나의 모습을 보고는 내 넥타이에서 눈길이 떠나질 않아 민망했던 적도 있었다.

내가 넥타이에 특별한 관심을 보인 것은 농협의 이미지와도 관련이 있다. 농협이라고 하면 넥타이도 안 매고 점퍼 차림으로 일하는 곳으로 알고 있는 사람들도 있었다. 물론 하는 일과 지역에 따라서는 그렇기도 하다. 그것이 나쁜 것도 아니고 잘못된 것도 아니지만, 도시 지역의 금융기관 이미지로서는 불리하게 작용한다.

"농협에도 카드가 있느냐?" "농협에서도 외환을 하느냐?" "농협도 은행과 똑같으냐?"는 등의 당황스러운 질문이 이어졌으니, 내가 양복 차림에 넥타이를 유난히 고집했던 것도 농협을 둘러싼 세간의 편견에 대한 '항변'의 의미가 깔려 있었던 것이다.

: 농협같이 좋은 직장에 다니면서? :

전국의 이름난 산을 직원들과 함께 돌아다닌 것도 등산만이 목적은 아니었다. 따지고 보면 그것도 내가 술을 잘하지 못하는 데에 원인이 있다. 대리 시절부터 전국의 이곳저곳으로 직원들을 끌고 다녔는데, 솔직히 등산이 취미는 아니다. 부족한 술자리 때문에 체험을 통한 소통과 관계유지 방식의 하나로 직원들과 등산을 자주 갔던 것이다.

한라산, 금강산, 속리산 등 수많은 산 중에서도 거의 마지막으로 가 보게 된 금강산을 잊을 수가 없다. 그곳에는 우리 농협의 지점도 하나 있었다. 여행객들의 달러 환전을 위한 장소였지만 남북 화해와 교류에

협력하는 농협의 상징적인 점포였다.

속초에서 육로로 금강산에 도착하기 직전, 통과 지역에서는 사진을 찍지 못하게 되어 있다는 안내원의 교육을 받았다. 버스에서 내리자마자 북한 측 경비원이 쌩 하고 우리 쪽으로 달려왔다. 나이 어린 직원들이 하늘에 대고 셔터를 누른 것이다.

카메라는 압수되었고, 돌아갈 때 찾아가라는 통보를 받았다. 2박 3일 동안 금강산 여행을 마치고, 카메라를 찾으러 갔다. 그런데 사진 찍은 것에 대한 벌금을 물어야 한다는 것이다. 산을 찍은 사람은 100불, 하늘을 찍은 사람은 50불이라고 했다. 왜 금액이 다르냐고 물었더니, 그것은 군사보안상 산이 더 중요하기 때문이라고 했다.

"농협같이 좋은 직장에 다니면서리 뭐 그깟 100불 갖고 벌벌 떱네까?"

우리 직원들은 벌벌 떨고 있었다. 벌금이 무서워서가 아니라 인민군이 무서웠던 것이다. 벌금을 지불하고 나서야 카메라를 돌려주었다. 그리고 '조선민주주의 인민공화국'에서 발행하는 아무 쓸모 없는 영수증을 끊어주었다.

농협이 좋은 직장이라는 것을 북한에서도 알고 있으니, 더 열심히 일해야겠다고 생각했다.

: 지점은 작은 은행 :

나는 지점을 하나의 '작은 은행'이라고 생각한다. 지점은 은행의 말단 조직이 아닌 하나의 '작은 은행'이라고 여긴다는 뜻이다. 규모는 작아도 그 안에서 은행의 모든 일이 행해지기 때문이다. 예금을 모으고 대출을 실행하는 일, 직원들을 관리하고 고객과 은행의 자산을 관리하는 일, 규모는 작아도 은행의 모든 일이 작은 지점 안에서 전부 이루어진다.

비록 본부에서 좋은 상품을 개발하고 정책을 만든다 하더라도, 은행의 이미지는 결국 지점을 통해서 고객들에게 전달된다. 은행은 그것에 의해서 다시 평가받게 되는 것이다. 결국 은행의 얼굴은 지점이라고 할 수 있다.

"우리가 해봤자 별수 있겠어?"

"조그만 지점에서 애써본들 은행을 달라지게 할 수 있겠냐고."

이런 말들은 지점을 작은 것으로, 지점의 역할을 하찮은 것으로 생각하는 데서 나오는 말이다. 작은 물방울이 모여 시냇물을 만들고 강을 이룬다. 작은 지점이 모여 큰 은행을 만든다는 사실을 잊지 말아야 한다. 작은 것이 없이 어찌 큰 것이 존재하겠는가. 모든 것의 시작은 아주 작은 것이다.

직원 중에도 큰 곳으로 가려고 애쓰는 사람들이 많다. 작은 곳에서는 희망이 보이지 않아서였을 것이다. 굳이 내 얘기를 하자면, 나는 큰 곳으로 가는 일보다 작은 곳을 크게 만드는 일에 관심이 컸다. 어느 길을 택하든 '나 하나쯤이야.'가 아니라 나로 인하여 세상이 바뀐다는 믿음을 가져야 할 것이다.

"지점장님, 본부로 가야 할 것 같습니다."

"그래, 가거든 일선에서 느낀 점들을 업무에 잘 반영할 수 있도록 해 봐."

자신의 발전을 위해 본부로 가려고 하는 식원들에게 꼭 해주고 싶은 말이 있다.

"어려운 곳을 피해서 도망가듯 가지는 말게. 전쟁터가 무서워 도망가는 사람을 지휘관으로 쓰는 군대는 없을 테니까."

현장이 무서워서 찾아가는 곳이 본부라면 희망을 거둘 수밖에 없다는 뜻이다. 본부와 지점이 서로의 존귀함을 인정하고 배우는 자세를 가질 때, 비로소 조직의 발전을 기대할 수 있다.

지점을 작은 것이라고 시시하게 여기거나, 본부에서 하는 일이라고 남의 일처럼 생각하는 한 조직의 발전을 기대하기는 어렵다. 지점을 하찮은 말단 조직의 하나가 아니라, 하나의 작은 은행이라고 생각하고 소중하게 키워가야 크게 성장할 수 있을 것이다.

섹시한
역발상

중년의 나이에 젊은이들에게 '꼰대' 소리를 듣지 않고, 꽃중년이 되는 길은 무엇일까? 어느 여성지 기자는 섹시한 중년에 관해 '남을 위해 일하는 남자의 긴장된 팔과 가슴이다.'라고 썼다. 오직 자신과 자신의 처자식만을 위해 늙도록 고생하는 보통의 위인들에게 붙여줄 말은 아니라고 생각한다.

체중도 관리하고 옷도 잘 입으며 운동도 열심히 해서, 제법 섹시한 중년이 될 자신이 있다가도 '남을 위해' 이 대목에서 걸린다. 세상을 향해 너그럽게 양보하는 마음으로 '과감히 뒤로 후진할 줄 아는 멋진 사람'을 그는 섹시하다고 말했다. 섹시한 꽃중년과 성공하는 리더의 모습이 겹쳐 보인다.

: 추석 연휴 해외여행 :

나에게는 3연패의 영예와 함께 '총화상', '존경하는 상사상'을 안겨준 마지막 사랑이 안양 1번가 지점이다. 마지막을 눈앞에 두고 직원들에게 색다른 추억을 남겨주고 싶었다. 그래서 '추석 연휴 해외여행'이라는 뚱딴지같은 생각을 하게 되었다.

명절을 해외에서 보내는 사람들 뉴스가 남의 얘기려니 했는데, 막상 우리가 간다고 하니 신경 쓰이는 일이 한두 가지가 아니었다. 성수기라 비용도 평소보다 갑절이나 비쌌다. 집에서 제사를 모셔야 하기에 집집마다 없어서는 안 될 남자 직원, 아무리 사무실 행사라지만 시부모님 눈치를 봐야 하는 결혼한 여직원에 이르기까지.

하지만 이야기는 깊숙이 진행되어, 행선지는 중국으로 결정되었다. 남은 가족들에 대한 미안함과 집안 어르신들의 눈치를 뒤로하고 여행사 예약을 완료하였다.

직원들이 추석 연휴에 단체로 해외여행을 갔다는 말은 들어본 적이 없었다. 남들이 안 하는 일을 해보고 싶어 하는 평소의 취향과 습성으로 인해 혹시나 직원들이 불편을 겪게 될까 봐 염려스럽기도 했다.

나는 직원들의 가족분들, 특히 시부모님께 죄송스러운 마음이었다. '우리의 행동을 이해해 주실 수 있으려나.' 하는 걱정이 앞서기도 했다. 진심으로 죄송한 마음을 담아 편지를 썼다.

더위가 채 가시지 않은 가운데 민속의 대명절인 추석을 맞이하였습니다.

온 가족이 한자리에 모여 오붓하고 풍성한 가족의 정을 나누는 명절이지만 이번에 불가피하게 해외여행이라는 사무소 행사를 하게 되었습니다. 여러 가족분들에게 또 한 번 커다란 불편을 끼쳐 드리게 되어, 말할 수 없이 죄송한 마음 금할 수가 없습니다.

저희는 그동안 여러 가지 일들을 성공적으로 해내어, 분에 넘치는 찬사와 타 지점의 여러 직원으로부터 부러움을 한몸에 받고 있습니다. 평소 저희 직원들이 흘린 땀의 결실이기도 하지만, 집에 계시는 가족분들의 희생과 협조가 없었다면 불가능하였으리라는 것을 누구보다 잘 알고 있습니다.

그리고 이번에 어려운 해외여행까지 선뜻 허락해주신 가족 여러분의 사랑과 배려에 대하여 사무소장으로서 깊은 감사의 말씀을 드립니다.

고맙고 감사한 마음 가슴 깊이 간직하겠습니다. 〈중략〉

2013년 9월 지점장 민 경 원 올림

준비한 떡과 함께 여행을 떠나기 직전에 댁으로 편지를 보냈다. 여행에서 돌아온 뒤, 부모님들이 일일이 '고맙다'는 인사를 전해오셨다. 며느리도 자식도 몰라주는 부모 속을 지점장이 알아주었다고 매우 흡족해하신 것 같았다. 명절날 남의 집 며느리와 자식들을 이끌고 해외여행을 떠난 '죄'에 대한 걱정이 말끔히 사라졌다.

자칫하면 명절날 해외로 여행을 가버린 아들 며느리에게 서운할 수도 있는 일이었다. 편지 한 통과 떡 선물이 이런 우려를 말끔히 씻어냈고, 우리 직원들이 가벼운 마음으로 여행을 다녀올 수 있도록 해주었다. 직원들도 모처럼 명절증후군을 피할 수 있게 해주었던 배려에 고마워했다.

우리는 반복되는 일상에서 가끔 일탈을 꿈꾸지만 실행은 어렵다. 삶의 활력소가 될 수도 있는 깜찍한 이번의 일탈이 우리에게 신선하고 아름다운 추억을 선물해주었다. 이 일이 있고 나서, 다른 지점에서도 명절날 해외여행을 도전하는 일이 많아졌다고 한다. 예전 같으면 감히 생각지도 못할 일이었다.

: 전단지 나르는 통닭 :

하이닉스 공장 내에서는 상품안내장을 돌리지 못하게 되어 있었다. 외부인의 출입을 엄격하게 통제하는 회사 입장에서 공장 내에 있는 은행이라 하더라도 판촉활동을 규제하는 것은 당연한 일이었다. 그래서 아침 일찍 밖으로 나가 출근하는 직원들을 상대로 전단지를 배부하곤 했다.

젊은 신입사원들에게 유익한 금융상품 3개를 골라 홍보안내장을 만들었다. 그러나 기숙사에서 생활하거나 통근버스로 출근하는 직원들에게는 전달할 방법이 마땅치 않았다. 공장 내에서는 전단지를 나눠주는 행동이 금지되어 있기 때문이다.

그래서 식당을 이용해볼 궁리를 했다. 식사하면서 볼 수 있도록 식탁 위에 슬그머니 받침종이로 미리 깔아 놓는 것이었다. 그러면 눈에 거슬리지 않기 때문에 성공할 것도 같았다. 1,500명을 동시에 수용할 수 있는 초대형 식당이 공장 안에는 4개나 있었다.

식당이 넓으니 바람에 흐트러지지 않게 식탁 위에 얌전히 올려놓는 일도 쉽지 않았다.

"안 됩니다. 어떤 은행도 식당에서 이런 행위는 못 하게 되어 있습니다."

"범죄행위도 아닌데 한 번 봐주십시오."

"발견되면 우리도 여기서 더는 식당운영을 못 합니다."

넓은 식당에서 눈에 안 띌 수가 없었다. 어김없이 회사규칙이라며 거둬가라는 것이었다. 깔아 놓은 수고를 생각해서라도 좀 봐주길 부탁해 봤지만 막무가내였다. 헛수고를 한 우리 직원들에게 미안했다. 식탁에 깔아 놓은 안내장을 다시 수거하던 우리 직원들의 씁쓸한 눈빛을 잊을 수가 없다.

기숙사에도 홍보물 전달이 불가능하다고 했다. 무슨 수가 없을까 곰곰 생각해보았다. "바로 그거다!" 우리는 간식 상자에 전단지를 묶기 시작했다. 기숙사 사감에게서 간식은 넣어줘도 된다는 대답까지 얻었다. 통닭상자에 전단지를 묶어서 방마다 한 마리씩 넣어 주었다. 우리가 나를 수 없는 안내장을 통닭이 대신 날라 준 셈이다.

객지에 나와 외로운 기숙사 생활을 하는 직원들은 대부분 나이가 어린 여직원들이었다. 창구에 바나나를 갖다 놓을 때 그랬던 것처럼, 홍보효과가 별로 없더라도 우리의 마음만은 잘 전달되기를 바랐다. 그런데 홍보물을 보고 찾아와 주택청약저축과 연금 상품 등을 상담하는 직원들이 조금씩 늘어나는 것을 볼 때마다 통닭이 생각났다.

: 신규직원은 상담 창구, 고참직원은 빠른 창구 :

　신규직원들은 단순한 거래부터 배우고, 업무 경험이 많은 고참직원들은 난이도가 있는 상담창구에서 일하는 것이 보통이다. 이런 일반적인 관행을 깨는 것이 필요하다고 느꼈던 데는 영업점에 '스페셜리스트'가 너무 많다는 판단 때문이었다.

　우리가 하는 일이 연구나 제조업이 아니라 '서비스직'이기 때문에 고객이 원하는 일을 누구든지 제때에 처리하는 것이 무엇보다 중요하다고 생각한다. 그러나 현실은 그렇지 않았다. 직원들이 일을 돌아가면서 골고루 해보지 않았기 때문이다.

　업무가 잘 돌아가지 않았던 가장 큰 이유가 개인의 능력 차이 때문이기도 하지만, 고참에 대한 '지나친 배려' 때문이기도 하다. 고참을 배려하거나 그들의 능숙한 일 처리에 의존하느라 한곳에 오래 머물게 했고, 신규직원들은 새로운 업무를 배울 기회를 얻지 못하였다. 각자의 잠재된 능력을 최대한 발휘하지 못하는 구조였다.

　그러는 사이 일이 서툴러 고객으로부터는 불친절하다는 소리를 들어야 했고, 옆에서는 도와주지 않는다는 소리를 듣게 되었다. 이러한 폐단을 개선하기 위해 일을 거꾸로 돌리고 서열을 파괴해 경쟁체제를 도입한 것이다. 승진이 적체되고 인사의 순환이 활발하지 않은 조직에서 이런 '파격적인 시도'는 어쩔 수 없는 선택이었다.

　이런 생각을 업무에 처음 도입했을 때, 직원들은 적잖이 당황했다. 하지만 곧이어 젊은 직원들은 그동안 고참직원들의 전유물처럼 여겨졌던 공간에서 새로운 업무를 배우고 자신들의 기량을 발휘했다. 고참

직원들도 전에 없던 새로운 긴장국면을 받아들이고, 나중에는 그 취지를 이해했다.

"처음에는 많이 당황했어요, 다른 사람 보기에도 창피하고. 하지만 지금은 아니에요."

"후배들이 일을 배울 기회도 되었고, 고참으로서 후배들에게 일을 가르쳐줄 기회도 되었거든요. 물론 잘하는 후배들을 보면 무섭기도 했고요."

그 이후로도 이런 시도는 끊임없이 이어졌다. 신규직원들은 한번 해보겠다는 투지로 불탔고, 고참직원들은 새로운 경쟁구도에 차차 적응해갔다. 물이 정체되면 썩는 것처럼 조직도 끊임없이 순환하지 않으면 안일함에 빠져든다. 사람은 누구나 잘하는 사람들 틈에 얹혀가고, 편하게 지내려는 속성을 가지고 있기 때문이다.

하지만 여기서 어려운 점은 자신의 비중과 역할이 떨어졌을 때 그것을 '업무순환'이라고 생각하지 않고, 좌천이나 영전의 이분법으로 구분짓는 것이다. 이 부분이 일을 시키는 사람이나 받아들이는 사람이나 똑같이 힘들고 어려운 것이다.

더 큰 것을 위해서 작은 것을 포기하는 용기와 진정성 있는 자세가 필요하다. 바로, 고참을 활용하고 신규직원을 키우는 일처럼 말이다.

: 직원을 광고 모델로 :

사무실 내에는 이런저런 현수막들이 즐비하게 걸려있다. '새해 복 많이 받으세요'라는 인사에서부터 상품 홍보에 이르기까지 종류도 다양하다. 이런 홍보용 현수막에는 상품설명 외에 인기 있고 멋진 모델들이 자주 등장한다. 고객의 관심을 끌기 위해서다.

"등장하는 모델을 우리 직원으로 하면 어떨까?"

본부에서 일괄적으로 만들어 배부하는 홍보물 외에도 지점 자체적으로 제작되는 홍보물도 양이 제법 많다. 주변에서 알아봐 주면 직원들 사기도 오르고, 비용도 들어가지 않으면서 여러 가지 재미있는 일도 생길 것 같았다. 당장 행동으로 옮겼다.

"사진 좀 하나 찍자."

"왜요?"

"모델로 쓰게."

"제가요? 아이, 안 돼요. 다른 사람으로 하세요."

처음에는 직원들이 나의 낯선 제안을 거절하거나 피하기 일쑤였다. 하지만 자신의 모습이 게재된 현수막이 사무실 벽에 붙고, 고객들이 알아보고 인사를 건네는 일이 생기면서 차차 흥미를 갖기 시작했다.

"어머! 모델까지 하네. 뒤에 있는 사진, 아가씨 맞지?"

"네, 조금 창피해요."

"창피하긴, 예쁘기만 한데."

고객들이 창구에서 직접 알아봐 주니 자연스레 얘깃거리도 되고, 직원들에게도 은근히 자랑거리가 된다. 돈 한 푼 들이지 않고, 직원들의 만족감과 자긍심을 끌어 올려주고, 고객들과의 얘깃거리를 만들어주는 현수막 효과는 대단했다.

처음 이런 생각을 했을 때는 기술이 서툴러 기존 모델의 얼굴에 우리 직원의 사진을 끼워 넣는 방식의 수준으로 보기에도 부자연스러웠다. 그러나 지금은 손쉽게 다양한 포즈의 사진을 응용할 수 있게 되어, 직원들의 끼와 재능을 마음껏 활용할 수 있게 되었다. 이제는 직원들이 아무 거리낌 없이 사진 촬영에 응하게 되었고, 게시가 끝나면 집에 가져가려고 했다. 집에 가져가면 큰 자랑거리가 되었던 것이다.

사진만 준비하면 아무런 비용이 들지 않는다. 어떤 일은 기획단계에서 비용이 너무 많이 들어 포기하는 일도 생기지만, 이 일은 그야말로 '밑져야 본전' 아무런 비용 부담이 없다는 것이 가장 큰 강점이 될 수 있었다. 더구나 본인이 모델로 등장한 홍보물이니 아무래도 자연스레 그 상품에 다른 직원들보다 더 많은 관심을 갖게 되었다.

책임자들의 최대 관심사는 '어떻게 하면 직원들의 마음을 사고, 그들의 몸을 움직이게 할 것인가.'이다. 직원들의 관심과 참여를 이끌어 내는 일은 그리 어려운 것이 아니다. 그것은 주변에 흔히 있는 일을 쉽게 넘기지 않고, 우리 직원들과 연결해 보려는 애정에서 출발한다는 점을 말하고 싶다.

：해수욕장의 텐트：

어느 해 직원들하고 무릉도원 근처에 있는 망상해수욕장에서 야유회를 하기로 계획했다. 늘 하던 대로 콘도에서 숙식하던 것을 이번에는 색다르게 바꿔보고 싶었다. 숙소를 빌리는 돈으로 최고급 텐트를 2개 사서 여름철 바닷가 모래사장에서 1박을 하기로 한 것이다.

바닷가에서 직원들은 나를 물속에 집어넣으려고 했다. 나는 안간힘을 쓰면서 버텼다. 그 순간에도 나는 아직 밀리지 않는 힘을 보여주고 싶어 완강히 버텼다. 어리석었다. 그 바람에 우리 팀장의 이마에 내 이빨이 부딪혀 머리가 약간 찢어지는 불상사가 생겨버린 것이다.

나는 이빨을 감쌌고, 팀장은 머리를 감쌌다.

"괜찮으세요?"

"아, 난 괜찮아. 김 팀장, 머리 좀 봐라."

머리에서 피가 흐르고 있었다. 그 정도면 이빨에도 문제가 있을 거라는 생각 때문인지 직원들은 연신 내 이빨의 안부를 물었지만 나는 괜찮은 것 같았다. 결국 우리 팀장은 머리를 2~3바늘 꿰매야만 했다.

'직원들이 장난을 건 것인데 그냥 빠져줄걸.' 하며 후회가 막심했다. 그랬으면 직원들이 얼마나 재미있어했겠는가. 다치는 일도 없었을 테고 말이다. 예능이 필요한 순간에도 경쟁적 자세를 취했던 내 모습을 보고 제일 실망스러웠던 사람은 나였다. 아무리 본능적이라지만 내가 고쳐야 할 점이라고 생각했다. 더구나 그 순간에도 나는 내 이빨 걱정부터 했다.

바닷가에서의 텐트는 생각처럼 낭만적이지 않았다. 나이 탓인지 주변의 소란 때문에 잠자리도 편치 않았고, 푹신한 모래가 등에 박히는 느낌도 기대만큼 곱지는 않았다. 하지만 텐트를 산 목적이 따로 있었으니 작은 불편쯤은 참기로 했다.

모처럼 직원들과 여름밤 바닷가에서 하루를 지내고, 이튿날 무릉계곡 등산까지 마쳤다. 무리한 일정 때문인지 중간에 낙오한 직원이 있어 그를 찾아오느라 또 한 번 진땀을 빼야 했다. 추억을 만드는 일은 언제나 쉽지 않았다.

돌아오는 길에 그날의 빅 이벤트였던 사다리타기가 있었다. 우리가 하룻밤을 보낸 텐트를 당첨된 직원 2명에게 기증하기로 했던 것이다. 딱 한 차례 사용한 것이니 새것이나 다름없었고, 잠자리 비용을 절약해 선물을 할 수 있었으니 기분 좋은 일이었다.

드디어 사다리는 시작되었고 직원들은 집중했다. 탄성과 함께 당첨자가 탄생했다. 한 명은 나이 든 남자 팀장이었고 또 한 명은 나이 어린 여직원이었다. 비교적 나이, 성별, 직급을 고려한 황금분할이었다. 두 명은 좋았고, 나머지는 부러워했다.

: 역발상 :

내가 지닌 열등감과 콤플렉스를 극복하기 위해서 나는 소위 '역발상'을 시도했다. 역발상이란 주류의 다수 생각과 반대의 관점으로 접근하여 해답을 찾는 것이다. 조건 없는 반대가 아니라, 현상의 모순을 극복하기 위해 반대편에 있는 근거 있는 가설을 증명하는 것이다.

반대의 생각을 돌아보며 상반된 처지를 이해하게 되고, 그러다 보면 문제의 본질을 입체화해서 볼 수 있기 때문이다. 평면의 반대편이면서 입체의 또 다른 한 부분으로 이해하고 접근하는 것이다. 청개구리가 정답을 맞추는 격이라고나 할까?

제너럴리스트

- 능력 : generalist, 업무의 일반화
- 목표 : 단순화 (simple is the best)
- 과정 : 재미(fun), 상상력(imagine)

나는 직원 때 고액거래선 관리 업무를 거의 5년 가까이 봤다. 이유는 단 하나, '내가 없으면 안 될 것 같다'는 이유 때문이다. 고객들이 몇 차례 나를 찾으면서, 그 일을 하는 데 나만 한 사람이 없다고 판단이 든 것이다. 결론부터 말하자면 그것은 누구나 가능한 일이었다.

결국 내가 다른 사무실로 옮기게 되자 다른 사람이 그 업무를 보게 되었는데, 당연히 농협은 망하지 않았다. 꼭 누구라야 된다는 주장은 시간이 지나고 나면 얼마나 우스꽝스러운 주장이었는지 확인이 된다. 나는 그래서 '누구라야 된다.'는 말을 단호히 부정하게 되었다.

모든 사람이 전문가를 찾고 전문가의 필요성을 이야기한다. 전문가를 믿고, 전문가에게 의지하고 싶은 마음은 누구에게나 똑같을 것이다. 그러나 그 전문가보다 필요한 것이 제너럴리스트이다. 다방면에서 두루 잘하는 인재를 만드는 일이 누구보다 고객에게 필요하다. 지금은 숙련된 분업의 시대가 아니다.

단순화

하고 싶은 것이 많은 사회니까, 욕심도 많고 이것저것 다 하고 싶다. 그러나 다수를 움직이는 조직에서는 단순해야 한다. 단순한 것이 좋다. 다양성을 추구하는 멀티사회에서 단순함을 추구하는 것은 외관의 멋 이외에도 기능적인 효율성 때문이다.

단순한 것은 일과 과제를 명료하게 하는 것이며 동시에 일의 우선순위를 정하는 작업이다. 복잡한 것을 싫어하는 성격 때문이기도 하지만 일의 전달과 파급 효과를 위해서도 나는 항상 단순한 것을 추구했다. 사람들이 따라 하도록 만드는 일에 단순한 것처럼 좋은 것은 없다고 본다.

상상력

어느 방송의 예능 프로에서 출연자가 이런 말을 하는 걸 보고 순간 전기가 통하는 것 같은 전율을 느꼈다.

"야! 우리 열심히 하는 모습 보여줘서 재미없게 만들어, 이 프로그램 망하게 해줄까?"

열심히 하면 오히려 재미가 없을 수 있고, 그러면 프로그램 시청률이 떨어질 수 있다는 얘기 아닌가. 황당하고도 재미있다. 재미만 있는 것이 아니라 의미가 있다. 열심히 하는 모습만 보여주면 재미가 없어진다는 말은 나의 역발상 이야기와 비슷하다.

대부분의 가치 있는 일들은 상상력을 수반한다. 상상력의 도움 없이 가치 있는 일을 하는 시대는 지났다. 발명품을 만드는 일이 아니어도, 상상력이 의미와 재미를 가져다주기 때문이다.

정신없이 몰아치는 일로는 빈껍데기만을 만들 것이다. 바쁘고 부지런하기만 해서는 상상력이 태동하지 않는다. 오히려 게으름과 여백 속에서 잉태되는 것이 상상력이다. 그래서 여백과 쉬는 시간이 필요하다.

민의 법칙

지점장을 하면서 3개 지점을 거쳤다. 공교롭게도 세 군데 사무실이 모두 업적평가 그룹 최고 등급에 속해 있다. 물론 그중에는 서현 지점처럼 원래 규모가 컸던 점포도 있지만, 반면에 하이닉스 지점처럼 규모가 작은 점포도 있었다. 3개 지점 모두 2~3년 사이에 눈에 띄는 성장을 하게 되었다.

지점장으로 하이닉스 지점에 처음 갔을 때는 1천억이 안 되는 소규모 점포로 폐쇄 대상에 속해 있었다. 하지만 내가 나올 때쯤에는 4천5백억이 넘어 전국 최고 등급의 사무소로 변신해 있었다. 다음 점포 그 다음 점포에서도 2~3년 있는 동안 각각 규모를 키워 3개 지점 모두 최고등급으로 올라갔다.

1등을 여러 차례 했던 것도 중요하지만, 3개 지점 모두 전국 최고 수

준의 점포로 성장시켰고, 또 지금까지 유지되고 있다는 점이 뿌듯하다.

이렇게 3~5년 정도면 지점의 외형을 두 배로 성장시킬 수 있겠다는 나만의 확신이 생겼는데, 이를 일컬어 '민의 법칙'이라고 한다. 다른 사람들은 전혀 모르는 나만의 법칙이다.

지점장이 외연을 확대하는 일은 집을 짓는 데 기둥을 세우는 것과 같다. 직원들은 알아서 벽돌을 나르고 각자의 역할에 최선을 다하려고 한다. 힘이 들어도 힘든 줄 모른다. 이래라 저래라 하지 않아도 교차판매, 고객관리, 방카와 펀드판매에 힘을 보태려고 한다.

우리 직원 중에는 내가 욕심이 많다고 생각하는 사람은 없을 것이다.

"당신네 지점장은 욕심이 많은 사람인가?"

"욕심이 많은 것이 아니라, 그는 아이디어가 많고 열정이 넘치는 사람이다."

민의 법칙에 따라 생각하고 준비하는 지표는 업적평가를 위해 본부에서 부여되는 지표와는 다른 것이었다. 다른 은행을 따라잡고 '농협은 은행만 못하다'는 편견에 도전하겠다는 내 마음속의 지표였다.

그러다 보면 내년에 목표가 많이 나와 힘들어진다고 말하는 사람도 있었지만, 나는 개의치 않았다. 오히려 시기를 조절한다는 것이 나로서는 이해하기 어려웠다. 일의 스케줄을 나에게 맞추는 것이 아니라 상대방에게 맞추는 것이라고 생각했기 때문이다. 할 수 있을 때 최선을 다해보자는 것이 '민의 법칙'이다.

민의 법칙

- 가르치지 말고 도와줘라
- 상사를 바꾸려 하지 마라
- 솔선수범하지 마라
- 적재적소는 없다
- 아는 사람 찾지 마라
- 시상금은 먼저 써라
- 직원의 눈을 보고 이야기하라
- 알아줘라, 그것이 최고의 보상이다
- 목표는 나누고 실적은 보태라
- 현장에 답이 있다
- 게임하듯 즐기고 연애하듯 집중하라

∶ 가르치지 말고 도와줘라 ∶

성남에서 차장으로 있을 때, 객장에 넘쳐나는 손님 때문에 나는 주로 객장에서 살았다. 신규직원 앞에서 한 아주머님이 큰소리를 내기 시작했다.

"아니, 어디다 대고 말대꾸야!"

"고객님, 그게 아니고요."

"아니긴 뭐가 아냐?"

내가 얼른 옆으로 다가가서 무슨 일이냐고 여쭈었다.

"이 아가씨가 눈을 똥그랗게 뜨고, 손님한테……."

"고객님, 제 말은 그게 아니고요……."

"글쎄, 아니긴 뭐가 아니냐고?"

도대체 무슨 이유인지 모르게 아주머니는 직원의 말을 자르고 야단을 쳤다. 다른 건 몰라도 우리 직원이 눈을 똥그랗게 뜨고 대드는 직원이 아닌 것은 분명한데, 어떻게 끼어들어야 할지 난감했다. 카드 사용에 문제가 있었는데, 직원이 설명하면서 "그게 아니고요."라는 표현을 사용해, 자신을 무시한다고 느꼈던 것 같다.

"고객님, 저희 직원이 원래 눈이 똥그랗습니다. 일부러 똥그랗게 뜬 것은 아닐 겁니다."

'도대체 무슨 말을 하려나?' 하고 아주머니는 나를 힐끔 쳐다보았다.

"저를 보십시오, 저는 똥그랗게 뜨려고 해도 안 됩니다."

나는 계속 말을 이어갔다. 실제로 나는 눈이 작아 안압 검사할 때마다 눈을 크게 뜨라는 요구를 받곤 한다.

사실 우리 직원이 '대든 것'은 아니라는 점을 말씀드리고, 화나신 고객님도 살짝 웃겨드려서 일을 얼른 마무리 지으려는 의도였다. 순간 아주머니의 타깃이 나로 바뀌었다.

"직원을 나무라야지, 책임자가 직원 편을 들고 있으면 어떡해요?"

어이가 없다는 듯 화를 버럭 내고 떠나셨다. 마감시간이 지나 문을 내리고 우리 직원이 내 앞으로 다가왔다. 그 큰 눈에서 닭똥 같은 눈물을 흘리며 말했다.

"차장님 죄송해요, 괜히 저 때문에……."

그래도 우리 직원은 자기편을 들어준 나에게 고마워하는 것 같았다.

시간이 흘러 나중에 본부에서 일할 때 그 직원을 만나 우리는 그날의 이야기를 했다. 여전히 그 직원은 눈이 둥그렇고 컸다. 마음 착한 신규 직원이었던 그때는 요령이 조금 부족했었던 것이다. 그날 나는 '가르치는 것으로 느껴진다면 누구든 자존심 상하고, 화를 낸다'는 교훈을 얻었다.

돌이켜보면 가르친 사람들은 다 떠나고, 도와준 사람들만 남는 것 같다.

: 상사를 바꾸려 하지 마라 :

어디를 가나 마음에 들지 않는 상사를 만날 수 있다. 상사가 마음에 들지 않으면 일하는 데 적잖은 고통을 수반하게 된다. 하지만 상사를 바꾸는 일은 '집에 계신 아버지를 바꾸는 것'보다 힘들다고 말한다. 바뀌지 않는 것을 붙들고 바꿔 보려고 애쓰는 것은 쓸데없는 시간 낭비일 뿐이다.

내 맘에 쏙 드는 상사는 없다고 생각하면 마음 편하다. 존경하면서 배우는 것도 많지만 욕하면서도 배운다. 누구에게서든 배울 점은 있다. 잘못된 것은 그렇게 하지 말아야 한다는 것을 배우면 된다. 나에게 영향력을 행사할 수 있는 유력한 인물을 적으로 만드는 어리석은 일에 시간을 낭비할 필요는 없다.

내가 곧 그런 상사가 될지도 모른다. 돌이켜 보면 나도 상사에게 잘하지 못한 점들이 많다. 그분들의 입장과 마음을 헤아리는 데 부족하고 인색했다. 따지고 보면 내가 정한 그릇된 기준 때문이었다. 나에 대해서는 후하고 남에 대해서는 엄격한 기준 말이다. 윗사람 아랫사람 모두에게서 존중받기란 어려운 일이지만, 마음먹기에 따라서는 불가능한 일도 아니다.

마음에 안 드는 상사를 바꾸려 들고, 고객과 직원을 가르치려 들다가 자신의 능력보다 손해를 보는 평가를 받게 되는 경우도 있다는 것을 명심해야 할 것이다. 자신의 능력을 키우는 것보다, 제대로 평가받는 일에 노력을 기울이는 편이 훨씬 쉽고 유리하다. 소신 없이 아부하라는 것이 아니라, 상대를 존중하면서 자신 생각을 관철하는 일이 현명하다는 말이다.

: 솔선수범하지 마라 :

"왜 다른 사람들이 나를 따라 하지 않지?"

자신이 하는 일을 '솔선수범'이라고 생각하는 순간부터 우울증이 시작된다. 남들이 당연히 따라 하고 좋아해야 할 텐데 그렇지 않으면 슬슬 우울해지기 시작하는 것이다.

솔선수범하지 말라는 뜻은, 일을 솔선해서 하더라도 그것을 솔선수범이라고 생각조차 하지 말아야 한다는 것이다. 그렇게 생각하는 순간부터 다른 사람들의 반응을 신경 쓰게 된다. 처음부터 내가 할 수 있는 일을 그냥 하는 것이 좋다. 거창하게 솔선수범이니 봉사니 하는 이름으로 포장하면 역효과도 생기고, 열심히 한 만큼 상처를 받기도 한다.

솔선수범한다는 것은 주변 사람들에게 좋은 느낌을 주기도 하지만, 의도가 있는 것으로 비춰지면 불순하거나 가식적인 것으로 보여질 수도 있다. 아랫사람의 일을 대신해주는 것도 경우에 따라서는 '지적하는 것'이 되기도 한다. 두 사람의 관계와 상황에 따라서 본인의 의사와 다른 해석이 가능하다.

그렇다면 어떻게 도와줘야 하는가? 상대방이 불편해하지 않고 고마움을 느껴야 한다. 어딘가 불편을 주고, 억지로 따라 하게 만드는 일은 솔선수범이라고 볼 수 없다. 잠시 원하는 대로 움직이게 할 수 있을지는 몰라도 기분 좋게 계속 이어지지는 않을 것이다. 하지 않는 것처럼 하면서 슬그머니 해놓는 일이 감동을 준다.

"솔선수범하라!"

이 말은 자기는 하지 않고 남들에게 시키기만 하는 사람들에게 무수히 했던 말이다.

"솔선수범하지 마라!"

이 말은 무슨 일을 하더라도 솔선수범한다고 생각하지 말고 그냥 하라는 말이다. 더 어렵다.

어쨌든 일을 열심히 하는 사람들의 공통점은, 열심히 하지 않는 사람들을 보면 잘 참지 못한다는 점이다. 그럴 때는 마음이 흔들려 포용력을 발휘하기가 어렵게 된다. 솔선수범도 좋지 않은 결과를 가져올 수 있으므로 때와 장소를 가려서 해야 할 것이고, 아예 그런 단어는 생각지도 말아야 한다.

： 적재적소는 없다 ：

흔히들 인재를 적재적소에 배치하라는 말들을 한다. 손자병법에 나오는 말이다. 하지만 나는 은행의 일선 점포에는 적재적소가 없다고 생각한다. 다른 일에 적응을 잘하지 못하는 것을 두고 적재적소 타령을 할 수는 없다.

자신이 적재적소에 있다고 생각하는 사람은 거의 없을 것이다. 하는 일이 좋더라도 오래 하면 지루할 테고, 언제나 남의 떡이 커 보이기 때문이다. 어떤 일은 서로 하고 싶어 하고, 또 어떤 일은 서로 하기 싫어 한다. 누구나 힘들지 않고 생색내기 쉬운 일을 선호하고, 힘들고 생색 안 나는 일을 기피한다.

오래 해서 잘하면 적재적소라고 하고, 처음 해서 서툴면 적재적소가 아니라고 하는 경우도 있다. 적성에 맞는 일을 골라 능력에 맞게 일하는 것은 처음부터 어렵고, 불가능하다고 보아야 할 것이다. 적어도 영업점에는 적재적소가 없다고 본다. 설령 있다고 해도 모든 사람에게 맞출 수는 없다.

"아무래도 이 일이 저에게 맞지 않는 것 같습니다."

"자네에게 그 일이 맞지 않는 것이 아니라, 그 일에 자네가 맞지 않는 것이라네."

학교 다닐 때의 전공을 살펴보면 대부분의 사람이 지금 하는 일과 관련이 없다는 사실을 알게 된다. 전공이 틀렸거나 직업이 틀린 것이다. 아니면 둘 다 틀린 것이다. 맞추어가면서 사는 것이다. 나에게 일을 맞추려 하면 적재적소가 아닐 것이고, 일에다 나를 맞추려 하면 모든 곳이 적재적소가 될 수도 있을 것이다.

"뽑아만 주면 무슨 일이든 다 하겠습니다."

이렇게 말하며 금방이라도 눈물이 쏟아질 듯 시험관을 바라보는 젊은 취업 지망생들을 보면서 '적재적소가 무슨 배부른 소린가!' 하는 생각이 들었다. 지금 우리에게는 적재적소를 찾는 일보다 적응력을 키우는 일이 시급하다.

: 아는 사람 찾지 마라 :

마케팅은 아는 사람 찾아가서 하는 게 아니다. 그건 마케팅이 아니라 동냥이다. 거절하면 상처도 크고, 설령 성공했다 하더라도 그 순간부터 짐이 된다. 내가 떠나도 변함없이 이어질 실적이라야 진정한 실적이다. 떠나면 없어질 실적이라면 그것은 실적이 아니라 짐인 것이다.

또한 거절당했을 때를 생각해 보아야 할 것이다. 아는 사람에게 거절당하면 그 서운함이 이루 말할 수 없다. 다시 회복할 기력을 찾지 못할 정도로 실망이 클 것이다. 실망이 크면 상처도 깊다. 성공이든 실패든 적당히 모르는 사람이 편하고, 그래야 실패하더라도 다시 도전할 수 있다.

"아, 정말 마케팅은 모르는 사람에게 한다는 말씀이 맞는 것 같습니다."

후임 지점장이 한 말이다. 이곳저곳 열심히 찾아다닌 끝에 전혀 연고도 없이 몰랐던 사람과 거래를 시작하고, 신뢰를 쌓으며 실적을 키웠던 경험을 하고 나서야 비로소 그 말을 이해하게 되었다고 했다.

답답한 마음에 우선 아는 사람을 찾아가지만 피차 부담을 줄 뿐 이렇다 할 성과를 만들지는 못한다. 실적이야 아는 사람 모르는 사람 구분할 것이 못 된다지만, 아는 사람과는 적절한 거래가 일어나기 어렵고, 리스크 관리에 문제가 생길 수도 있다. 특히 기업거래는 아는 사람과 거래하는 일이 쉽지도 않을 뿐더러 바람직하지도 않다.

"그곳에 아는 사람이 있었습니까?"

하이닉스 지점에 있을 때 많이 들었던 소리다. 아무도 없었지만 열심히 노력해서 나중에는 아는 사람이 많이 생기긴 했다. 아는 사람이 있어도 다른 사람으로부터 견제를 받기도 하고, 나 자신이 태만해진다는 사실을 알게 되었다. 안다고 무조건 좋은 일도 아니고, 모른다고 무조건 나쁠 것도 없다. 모르면 그만큼 더 열심히 하기 때문이다. 사람들은 좀 안다고 태만한 것을 오히려 싫어한다. 마케팅은 모르는 사람이 편하다.

아는 사람에 의존하는 것은 좋게 말해서 '자원의 활용'일 뿐이다. 하지만 그것은 임시로 모면하는 단기적인 성과라서, 장기적으로는 오히려 역효과를 불러온다. '오죽하면 아는 사람을 찾아갔겠느냐'는 동정론도 있을 수 있겠지만, 그런 방식으로 한두 번은 때울 수 있을지 몰라도 더 이상은 아니다.

아는 사람 찾지 말고, 스스로 거래처를 만들어야 한다. 내가 떠나더라도 거래가 이어질 수 있는 거래처라야 의미 있는 실적이 되는 것이다.

: 시상금은 먼저 써라 :

대부분 지점에서는 직원들이 열심히 일해서 시상금을 받으면 '그걸 가지고 무얼 할까?' 행복한 고민에 빠진다. 또는 시상금을 받을 목적으로 열심히 일하는 계획을 세우는 것이 일반적인 경우다.

나는 거꾸로 시상금 받을 것을 미리 염두에 두고, 그만큼 먼저 쓴다. 쓰는 것이 급한 게 아니라, 시상금을 먼저 활용해서 '시상금을 받을 기회'를 늘려보자는 주의다. 전자는 시상금이 '목적'이고, 후자는 시상금이 '수단'인 것이다. 그러다 보니 비용이 많이 드는 해외연수 비용은 직원 각자의 부담으로 충당했다. 적금을 붓기도 했지만, 직원들은 그래도 좋아했다.

시상금 지급 내역은 문서를 통해 여러 직원에게 알려진다. 격려의 의미도 있고, 다른 사무소의 분발을 촉구하는 의미도 있다. 실제로 주변의 다른 지점 직원들을 자극하는 효과도 있었다. 우리 사무소가 사무실 업적과 프로모션 성적으로 각종 시상금을 독차지하는 바람에 다른 사무소 직원들로부터 부러움과 원성을 사게 되었다.

"시상금 때문에 부익부 빈익빈이 가속화되고 있다."

이런 우스갯소리를 하는 직원도 있었다. 자랑스럽기도 했지만, 다른 지점의 직원들에게는 미안하기도 했다. 우리는 넉넉한 시상금을 기반으로 또 다른 사업을 추진하는 데 여러 가지 준비와 기획이 가능했고, 그것이 또 다른 시상금을 가져오는 선순환으로 지속되었다. 정말 부익부 빈익빈은 가속화되었다.

비결은 '한발 앞서 가는 것'과 '시상금을 먼저 쓰는 것'이었는데, 그걸 사람들이 아는지 모르는지 어쨌든 시상금은 온통 우리 차지였다.

: 직원의 눈을 보고 이야기하라 :

회의시간에 보면 말하는 사람이나 듣는 사람 모두 상대방의 눈을 보지 않고, 자료를 보거나 열심히 뭔가를 적고 있는 모습을 보게 된다. 마치 적지 않고 있으면 불경죄라도 짓고 있는 것 같은 기분이 들 정도로 줄곧 적기만 하고 있다.

이런 일방적인 회의 문화에 익숙해진 탓에 메모하지 않고 듣고만 있으면 어색해서 견디지를 못하나 보다. 나는 무슨 얘기든지 적지 말라고 한다. 적지 말고 눈을 보라고 한다. 눈을 봐야 진심을 알 수 있고, 진심을 느껴야 몸이 움직이기 때문이다. 마음이 통하지 않았는데 아무리 내용을 적은들 무슨 소용이 있겠는가.

내용이야 필요하면 나중에라도 얼마든지 전달할 수 있지 않은가. 말하는 대로 받아 적으면서 상대방의 눈을 보지 않는 모습은 정말 마음에 들지 않는다. 눈을 보고 가슴으로 이야기하면 좋겠다. 충분히 공감하고 느껴야 진정한 행동의 변화를 기대할 수 있기 때문이다.

"적지 마세요!"

"안 적으면 잊어버리는데요?"

"그러면, 차라리 잊어버리세요."

정말이지 말할 때 상대방의 눈을 보지 않고, 무언가 적고만 있는 모습은 안타깝다. 어떤 사람은 별을 그리기도 하고, 말버릇을 세고 있는 경우도 있다. 하루빨리 이런 회의 문화가 바뀌기를 기대해본다.

회의 때만이 아니라, 거래할 때도 상대방을 예의 주시하는 습관이 얼마나 중요한지 모른다. 표정과 행동에서 모든 기회와 위험이 포착될 수 있는데, 자료를 보느라 일을 하느라 상대방의 중요한 사인을 놓치는 경우가 너무나 많다. 안타까운 일이다. 상대를 바라보고 자세히 말을 듣는 것은, 적지 않고 노는 것이 아니라 무엇보다 중요한 일을 하는 것이다.

상대의 눈을 보고 가슴으로 이야기해야 한다. 열심히 받아 적는 대신에 충분히 느끼는 것이 필요하다. 느낀 사람만이 진정으로 움직일 준비를 하기 때문이다.

: 알아줘라, 그것이 최고의 보상이다 :

"너밖에 없다."

"네가 우리의 보배야. 우린 너 없인 죽어."

'칭찬은 고래도 춤추게 한다'고 하니까 툭하면 모든 사람이 칭찬을 한다. 하지만 과연 선수는 그 말에 얼마나 마음이 움직일까?

주변 사람들이 칭찬해주면 처음엔 잠시 뿌듯할지 몰라도 나중엔 엄청난 마음의 부담을 느끼게 되고, 시간이 더 지나면 짜증스러워지기도 한다. 모두가 자기만 쳐다보고, 자기한테 얹혀가는 상황이 마음에 들지 않는다. 아는가? 소녀 가장이 된 기분을!

또 어떤 분들은 어떻게든 보상을 약속한다. 승진, 상금, 표창, 심지어 해외연수까지……. 그러나 일 좀 한다는 사람들은 대체로 자존심이 강하다. 자존심이 강한 사람들은 보상만으로 잘 움직이지 않는다.

마음 졸이고, 간절하게 애태우는 과정을 알아주는 것이 필요하다.

"어제 퇴근이 늦었지?"

엘리베이터 안에서 던진 한마디가 그 어떤 칭찬이나 보상보다 효과가 클 수 있다. 진정성과 관심 때문이다. 칭찬과 보상보다 더욱 필요한 것이 '알아주는 것'이다. 왜 늦는지 무엇 때문에 힘든지도 모르면서 결과만 보고 좋아하는 것을 칭찬으로 생각하지는 않을 것이다. 과정을 이해하고 수고를 존중할 줄 알아야 진정으로 알아 주는 것이다.

무심한 듯 슬쩍, 그러나 정확하게 알고 있는 것만으로도 효과가 있다. 모를 줄 알았던 일까지 '이미 알고 있는 것'만으로도 감동한다. 선수는 감동하면 움직인다.

알아준다는 것의 최종적인 의미는 따라서 하는 것이다. 조그만 일이라도 같이 움직여줄 때 비로소 보람을 얻게 되는 것이고, 앞서가는 사람과 뒤에서 따라가는 사람 사이에 상호작용이 발생한다. 칭찬은 하는데 아무도 따라 하려고 하지 않는다면 앞선 사람들이 쉽게 지친다.

매일 상을 주고 칭찬을 해도 받는 사람은 정해져 있을 것이다. 혼자서 잘하는 사람은 조금 잘하는 것이고, 여럿이 잘하게 만드는 사람이 진짜 잘하는 사람이다. 그리고 진짜 잘하는 사람을 알아주는 것이 최고의 보상이다.

: 목표는 나누고 실적은 보태라 :

목표는 항상 많고, 인원은 언제나 부족하다. 목표가 많게 느껴지는 것은 부족한 실적 때문이다. 실적이 부족한 것은 안 하는 직원이 많기 때문이라고 생각한다. 하지만 그것 또한 안 하는 것이 아니라 사실은 못하는 것이다. 못하는 직원의 수를 줄이는 것이 목표를 나누는 길이 된다.

목표를 줄이는 또 한 가지 방법은 구간별로 목표를 잘게 부수는 일이다. 일 년 내내 부진한 것으로 인식되면 사람들은 쉽게 지치고 포기하게 된다. 짧은 어느 구간에서라도 '성공한 경험'을 만들어야 희망을 품을 수 있고, 의욕도 생긴다. 그런 다음 횟수를 늘려가는 것이다.

실제로 일 년 내내 매달 똑같이 카드를 잘할 수는 없다. 출렁거리며 페이스를 조절해야 하는 것이다. 그 역할을 대부분 지점장이 한다. 직원들의 능력과 체력을 고려하여 진도를 관리하고 효과를 극대화시킨다. 이렇게 가면 틀림없이 목표에 다다를 수 있다는 믿음을 갖도록 해야 한다.

다음은 '실적을 보태라'는 말이다. 실적은 당연히 보태는 것 아닌가? 하겠지만, 그 말의 뜻은 한 사람의 실적, 하루의 실적을 모든 사람의 실적, 일 년의 실적으로 환산하여 상상하고 희망을 품어보란 얘기다. 다시 말해, 내가 하면 다른 사람들도 틀림없이 한다는 믿음을 갖게 해야한다. 그 믿음이 바로 실적을 보태는 것과 같은 것이다.

옆에 있는 직원의 상담시간이 길어질 때 그를 돕는 방법은 옆에서 다른 고객들의 일을 빨리 처리해주는 것이다. 그가 추진하는 실적이 우리 모두를 이롭게 한다는 믿음이 있을 때 가능하다. 서로서로 믿을 수 있는 환경과 분위기를 조성하는 책임도 지점장에게 있다.

결국, 서로서로 도와줄 수 있는 믿음의 분위기를 어떻게 이루어가느냐에 따라, '목표를 나누고 실적을 보태는 일'이 가능하게 된다.

: 현장에 답이 있다 :

군에 있을 때도 나는 현장을 지켰다. 아마 나는 현장 체질인가 보다.

"야! 민 이병, 너는 내일부터 행정병해라!"

"안 됩니다."

"뭐? 뭐가 안 돼?"

"저는 행정병 못 합니다. 주특기가 박격포입니다."

"야, 이놈 봐라. 주특기? 임마 군대에서 못 하는 게 어디 있어?"

남들은 행정병을 못 해서 안달인데, 나는 거꾸로 시키는 걸 못 하겠다고 했다. 내가 현장을 고집하는 데는 나름 특별한 사연이 있다. 한 세대를 거슬러 올라가면 군복무 중에 6.25전쟁으로 몸을 다치신 아버지가 계신다. 내가 전쟁터도 아닌 현장이 힘들어서 피한다는 것이 마음속에서 용납되지 않았다. 비겁하게 느껴졌고, 지나간 세대에 대한 도리가 아니라고 생각했다. '현장이 힘들다 한들 그때 그 시절만 하겠는가?'라는 생각이 항상 머릿속에 깔렸었다.

거기다가 군대에 왔으니 총 들고 밖에서 훈련하고, 끝나면 쉬는 것이 당연하다고 생각했다. 군대에 와서도 밖에서 하던 일을 하고자 한다면, 군대에 온 의미마저 사라져버린다. 아무튼 그렇게 하나씩 현장에 적응해가고 있었다.

그런데 웃기는 것은 훈련받고 뛰는 걸 내가 잘하지 못한다는 사실이다. 잘하기라도 하면 모르겠는데, 그것도 아니면서 고집을 피웠으니 가관이었을 것이다. 현장에 대한 나의 소신은 직장생활을 하면서도 크게 변하지 않았다. 내가 은행에 들어온 이유는 창구에서 돈을 만지고 손님을 접대하는 일을 하고 싶어서였고, 그래서 다른 일은 흥미도 관심도 없었다. 그러니 본부에 가서 기획업무를 해보는 것이 어떻겠느냐는 권유를 받았을 때도 내가 전혀 관심이 없었던 것은 당연한 일이었다.

"창구를 떠날 거면 뭐하러 은행엘 들어왔겠나?"

사실 '일선이 중요하다'라고 말들은 많이 하는데 실제로는 그렇지 않았다. 일선보다는 중앙, 현장보다는 스텝이 우선시되었다. 그런 문화 속에서도 나는 현장을 좋아했으므로 아무도 원망하거나 부러워하지 않는다.

문제는 현장에 있으므로 답도 현장에 있다고 믿고 있었다. 우수한 인력들이 현장을 외면하고 자꾸 어디론가 떠나려고 한다. 그들이 모두 사라지는 현장에는 답이 없다.

: 게임하듯 즐기고 연애하듯 집중하라 :

"어떻게 해야 할까?"

"답을 모르면 연애하듯 하면 된다."라고 말해준다. 해보지 않은 일이라서 어렵다고 할 때마다 하는 말이다. 일에 집중하고 재미를 느낄 수 있다면, 하기 힘든 일이란 없을 것이다.

지점에는 다른 사무소에서 견학 오는 직원들이 가끔 눈에 띄었다. 그럴수록 우리 직원들은 더욱 신나고 사명감에 불타는 듯 보였다.

"직원들 표정이 참 밝아 보여요."

"다 마찬가지죠, 뭐."

"아니에요, 여긴 좀 달라요."

나를 좋게 보이려고 노력하고, 상대방의 마음을 알아내려고 열중하며, 무슨 일을 할까 상상력을 총동원하는 일로서 '연애'만 한 것이 없다. 괜히 기분이 좋아지고 싱글벙글해진다. 사소한 일에도 의미를 부여하고 재미를 찾아낸다. 고객의 마음을 움직이는 선물을 고르면서도 연애하듯 일하는 사람은 행복할 것이고, 그저 일이라고 생각하는 사람은 성가실 것이다. 일이 감사하고 소중한 줄 알아야 연애하듯 일을 할 수가 있다.

성과를 쉽게 확인할 수 있도록 만든다면 게임을 하듯 모든 사람이 일에 빠져들 것이다. 승부가 아슬아슬할수록, 승률이 점점 높아질수록 재미가 있고 몰입되는 것이다. 그러기 위해서는 모든 결과를 실시간으로 알 수 있게 만드는 것이 중요하다. 전산으로 뽑힐 때까지 기다려서는 곤란하다.

내가 그토록 '단순함의 미학'을 추구했던 것도 단순하지 않으면 집중할 수 없고, 집중하지 않으면 성과를 내기 어려웠기 때문이다. 단순하게 만든다는 것은 무엇을 중요하게 생각하고 어디에 우선순위를 둘 것인가를 고민하는 것이다. 그리고 쉽게 하는 법을 찾아주는 것이다. 아무리 재미있어도 어려우면 재미를 느낄 수 없고 따라 하지 않는다. 이런 생각을 실천에 옮기고자 수고한 만큼 효과가 있었고, 많은 사람이 따라 했다. 성과를 쉽게 확인하는 것보다 설득력 있는 무기는 없다고 본다.

삶에 의미를 담고 사는 사람은 패는 도끼 소리에도 음률을 담는다고 했다. 찍는 도장 소리에도 장단을 맞춰보라! 아무렇게나 그냥 찍을 일이 아니다. 사소한 일에도 의미를 담기 시작하면 힘들어 보이던 일들이 재미로 다가온다.

"지난 2년간 마치 연애를 하듯, 미친 듯이 일했어요."

우리 팀장의 말이다. 너무 힘들지 않게 일하고, 좋은 성과를 만드는 길은 '게임하듯 즐기고 연애하듯 집중하는 것'이다. 나는 이 꿈같은 일들을 실제로 만들고, 세상 사람들에게 보여주고 싶었다.

공감을 만드는 열정

창조는
경계선 밖에

창조는 대체로 어려운 일로부터 생긴다. 시작부터 두려운 일에 창조의 가능성이 있다. 만만한 일은 성공해봐야 본전이다. 창조는 우리가 생각하는 경계선 밖, 어려운 일 속에서 생겨나는 것이다. 나와 다른 사람과의 경계선, 어중간한 곳에 창조가 있다.

'업무의 경계를 분명히 한다'는 것은 때로는 책임 한계를 명확히 함으로써 권한과 책임의 소재를 분명히 한다는 장점이 있다. 반면에 창의성 있는 사고를 가두어버리는 단점도 있다. 사고의 한계를 정해 놓고 영역에 금을 긋기 시작하면 다른 사람들과 벽이 생기고, 서로에게 책임을 전가하면서 매사 적당한 핑곗거리를 찾게 된다.

권한과 책임의 경계를 벗어난다는 것은 우리의 욕심만으로는 해결이 안 된다. 상대방의 기대에 부응하겠다는 열망과 끊임없는 간절함이 존재하고, 주위 사람들과의 따뜻한 소통이 있어야 가능한 것이다.

내가 처음 지점장으로 일했던 곳에서도 마찬가지다. 내 생각과 행동이 지방이라는 장소와 공장의 울타리 안에 갇혀 있었다면 대기업 거래는 불가능했을 것이다. 본부나 지원부서와의 소통이 부족하고 내게 그런 간절한 열망이 없었다면, 끝내 그런 거래는 시도조차 못 했을 것이다.

우리가 일하는 곳에서는 담당을 따지는 일조차 고객들이 싫어한다. 관료화된 조직의 첫 번째 특징이 담당을 찾는 일이다. 담당이 아니면 한 발자국도 움직일 수 없는 조직은 어떤 경우라도 고객들로부터 외면당한다. "담당직원이 내일까지 휴가 갔습니다."라는 말 대신에 "제가 한번 해보겠습니다."라는 말이 새로운 가치를 만들어내는 창조의 시작이다.

젊은 사람들이 손에 들고 다니는 테이크아웃 커피를 예로, 커피 잔이 테이블이라는 경계선을 벗어나면서 새로운 문화와 가치를 만들어내는 모습을 보게 된다.

일과 생각의 벽을 허물고 경계를 무너뜨릴 때 비로소 새로운 가치가 나타난다. 새로운 가치는 문화를 만들고, 새로운 문화는 혁명과도 같은 영향을 우리에게 끼치고 있다. 사람을 사랑하고 상대방을 존중하는 무한 상상의 결과다.

: 지점장으로 첫발 :

내가 지점장으로 첫 발령을 받은 곳이 하이닉스 지점이다. 옛날 정주

영 회장의 "해봤어?" 정신으로 일구어낸 세계 제2위의 반도체 공장이다. 당시 하이닉스 반도체는 온 국민의 관심 속에 뼈를 깎는 구조조정을 시행했고, 밤낮없는 기술개발로 8인치 공정에서 12인치 생산제품과 동등한 제품을 생산해냈다. 하이닉스 직원들의 희망과 결의로 뒤덮인 경기도 이천, 드넓은 반도체공장 안에 흡사 구내매점같이 생긴 은행점포가 하나 있었다.

그곳이 지점장으로는 나의 첫 번째 지점이었다. 당연히 기대도 되고 설레기도 했지만, 주위를 살펴보니 사방이 공장시설뿐이고 직원들은 거의 보이질 않았다. 공장 내에 상주인구가 만 명이 넘는다는데 공장이 워낙 넓으니 눈에 띄질 않았다. 회사 거래는 대부분 서울에서 하고 있다고 했고, 정문은 외부인 출입이 철저히 통제되고 있었다.

지점장이 되면 해보고 싶은 일이 참 많았다. 하지만 이런 곳에서 할 수 있는 일이 있기는 한 것일까? 지난 30년 동안 이날을 얼마나 기다려왔는가? 불안한 마음에 또다시 사방을 둘러봐도 눈에 들어오는 것은 여전히 공장의 회색 건물 벽뿐이었다.

집이 좀 멀어서 그렇지, 손님도 별로 많지 않은 데다가 외부 사람이 거의 없어 성가신 민원이나 사고가 발생할 염려도 없었다. 이렇다 할 거래처도 없으니 찾아갈 곳도, 찾아오는 손님도 없었다. 들어앉아 책이나 읽고 있으면 딱 좋은 곳인데, 지점장으로선 이런 곳이 최악의 바늘방석이었다.

⠐ 점심시간 ⠐

내가 부임하자마자 부지점장은 점심시간 운용 문제가 지점의 최대 현안이라고 했다. 하지만 마땅한 해결책을 찾지 못하고 있었다. 결국, 누군가 총대를 메야 하는데 지금까지 그런 사람이 없었다는 얘기였다.

며칠 동안 창구를 지켜본 나의 결론도 같았다. 점심시간이 문제였다. 보통 점심시간은 12시부터 오후 1시까지다. 어느 기관이나 은행에 가더라도 특별한 경우가 아니면 점심시간만큼은 그 시간을 지키고 있다.

그 시간을 이용해 식사뿐 아니라 가벼운 운동도 하고, 개인적인 용무를 보거나 휴식을 취하기도 한다. 점심시간을 식사 이외에도 다른 여러 가지 용도로 활용하고 있었다. 개인적으로도 은행을 방문할 일이 생기면, 퇴근 후에는 은행 문이 닫혀 버리니 점심시간을 이용할 수밖에 없었다.

하지만 은행의 영업점 직원들 입장에서는 사정이 다르다. 점심시간을 이용해 은행 업무를 보려는 고객들을 맞이하기 위해서는 식사를 하는 둥 마는 둥 불과 10분, 15분 만에 해치우고 교대를 해야 한다. 쉬기는커녕 간신히 화장을 고치고 자리에 앉기에도 벅찬 시간이다.

그것도 구내식당이 구비된 지점에서나 가능한 얘기다. 밖에 있는 음식점을 이용해야 하는 경우 마음은 더욱 급해진다. 창구가 밀리기라도 하면 고객들과 상사의 조급한 눈초리에 죄지은 사람처럼 좌불안석이다. 점심시간을 이용하는 고객들이 야속하기만 하다.

이곳의 회사직원들도 주로 점심시간에 일을 보기 때문에 하루 방문 고객의 80%가 그 시간을 이용한다. 그런데 우리 직원들도 그 시간에 식사교대를 해야 하니 50%의 인력으로 응대하게 되는 것이다. 자연히 기다리다 일도 보지 못하고 돌아가는 고객들이 많게 되고, 노골적으로 우리를 향해 '기다림의 분노'를 표시하는 사람들까지 보였다.

이건 간단한 문제가 아니었다. 우리가 이곳에 존재하는 이유를 근본적으로 다시 생각해봐야 하는 본질적인 문제였다. 여건에 따라 우리의 행동도 달라져야 했다. 고객의 불만에 대해 아무 상관 없다는 듯 행동한다면 누가 우리를 신뢰할 것인가.

우리 직원들은 적극적으로 이 문제를 해결하지 못하고 있었다. 누구도 앞에 나서려 하지 않았던 것이다. 문제를 인식했다면 즉각 행동에 나서야 하는데 그러질 못했다. 익숙해지면 나중에는 문제조차 인식하지 못하게 된다.

이 문제를 해결하기 위해서는 자체식당이 필요했다. 이렇게까지 된 가장 큰 이유는 공장 안에 있는 식당이 전부 대규모 식당이라 우리 직원 몇 명을 위해서 따로 배식할 수 없는 상황이고, 밖에 있는 식당들은 너무 멀어서 점심시간 이외 시간에는 식사할 수 없었기 때문이다.

그렇다고 아이들 도시락도 싸주지 않는 시대에, 직원들이 도시락을 지참하게 하기도 어려웠다. 싸와도 먹을 곳이 없었다. 초대형 구내식당의 배식 체계를 바꿀 수도 없고, 밖으로부터 배달도 안 되고, 밖으로 나갔다 올 수도 없으니 길은 한 가지, 직원들을 위한 식당을 만드는 것뿐이다.

우선 창고로 쓰이던 조그만 공간에 불필요한 집기 자재를 치우고 식당 공간을 확보했다. 곧이어 식탁과 싱크대를 들여놓고, 냉장고와 밥솥 등 주방용품을 아쉬운 대로 갖추었다. 직원들이 돌아가며 '메뉴표'

를 짜고 간단한 부식을 조달하면서, 청소 일을 하시던 아주머니의 업무는 주방일로 바뀌었다.

골든타임이라고 할 수 있는 12시부터 오후 1시까지는 직원들 식사 교대시간을 제외하도록 했다. 그 시간대에는 전 직원이 자리에 앉아 업무를 처리하는 체계를 갖추었다. 객장에 온 고객들의 반응이 즉각 나타났다. "웬일이래?" 눈이 휘둥그레졌다. "지점장이 바뀌더니, 금방 달라지네!"

우리가 밥을 어떻게 먹는지는 그분들의 안중에 없었다. 회사 내 직원들의 여론은 소문을 타고 좋아지기 시작했다. "진즉에 이렇게 해주었어야 하지 않았느냐?"는 반응과 함께 농협의 달라진 자세를 긍정적으로 평가해주는 분위기가 역력했다. 지점을 찾는 고객의 숫자도 눈에 띄게 늘어 갔다.

우리 직원들도 불편함을 무릅쓰고 고맙게 잘 따라 주었다. 하지만 아무래도 직원들이 준비하는 메뉴가 부실하기도 했고, 직접 준비하는 직원들의 수고가 여전히 마음에 걸렸다. 이따금 고기를 사다가 구워주는 일은 내가 도맡아 하기는 했지만 말이다.

: 바나나가 있는 창구 :

점심시간의 창구 공백 문제를 해결하고 나니, 그 시간에 찾아오는 고객 수가 점점 늘어났다. 옛말에 '물 들어올 때 배질하라'는 말이 있다. 분위기가 상승기류를 타고 있을 때, 그동안의 부정적 인식을 단번에

만회할 '그 무엇인가'를 열심히 찾아야 했다.

고객들에 대한 새로운 서비스를 생각하게 된 것이다. 야쿠르트를 시원한 얼음 바구니에 담아서 객장에 비치해보았다. 반응이 나쁘지는 않았지만, 뭔가 2% 부족한 느낌이었다.

'뭔가 새로운 게 없을까?' 이런 생각을 머릿속에 담던 중, 어느 날 반도체 공장 내부를 견학할 기회를 얻게 되었다. 그곳에는 어마어마한 반도체 장비와 함께, 24시간 기계가 멈추지 않도록 기계의 작동상태를 점검하는 여직원들이 근무하고 있었다.

반도체 공장은 24시간 가동이 되어야 하므로 조 편성에 따라서는 밤샘 근무하는 직원들도 있었다. 딸이나 동생 같은 나이였다. 고향에서 갓 올라온 어린 친구들도 있었다. 문득 저 친구들이 일을 마치고 우리 사무실에 들렀을 때, 음료보다는 무언가 요기가 되는 것을 주면 좋겠다는 생각이 들었다.

조그만 빵이나 떡을 생각해보았지만, 가격과 보관 방법이 쉽지 않았다. 삶은 달걀을 내놓아보았다. 생각보다 잘 먹어주니 고맙기는 한데, 냄새가 문제였다. 사무실에 온통 유황냄새가 진동해서 계속할 수가 없었다.

"값싸고 먹기 간편한 것으로 뭐가 좋을까?"

하루는 식탁에 올려진 바나나 덩어리를 보고 눈이 번쩍 띄었다. 어릴 때 그렇게 귀하게 먹었던 바나나가 이제는 옆에 놓여 있어도 눈에 띄지 않는 신세가 된 것이다. 가격을 물어보니 엄청 쌌다. 먹기도 간편하고 맛도 있으니 창구에 내다 놓기는 안성맞춤이었다.

하지만 생각해보니, 바나나가 수입 농산물이라는 점이 걸렸다. 더구나 우리 농협에서는 수입 농산물을 금기시하고 있으니 말이다. 다른 곳도 아닌 농협에서 수입 농산물을 갖다 놓는 것이 개운하지가 않았다. 의도가 좋더라도 낭패를 볼 수 있으니 신중에 신중을 거듭해야만 했다.

그런 고민을 하던 차에 마침 농가에 일손 돕기 지원을 나가게 되었다. 그곳의 농가에서 새참으로 바나나를 주는 것이 아닌가. 아뿔싸! 간편한 간식으로 농가에서 바나나를 이용하는 것을 보고, 그제야 마음을 놓을 수 있었다. 그렇다! 이제는 명분보다 실리가 중요한 시대다.

다음날로 바나나를 사들여 하루 한 박스씩 객장에 제공했다. 처음에는 먹어도 되는 것인지 머뭇거리던 공장 직원들이, 이제는 안 보이면 두리번거리며 찾는다. 하루 이틀 묵히면 껍질에 주근깨 같은 것이 생기고 그때 비로소 당도가 최고조에 달한다. 커다란 옹기그릇을 구입해, 노란 바나나를 탐스럽게 올려놓았다.

객장에 들어오는 직원들의 요기로, 또는 식사를 마친 직원들은 디저트로 바나나에 손을 대기 시작했다. 인기 폭발이었다. 상상해보라, 은행 객장에서 손님들이 전부 바나나를 까서 먹고 있는 모습을! '농협의 바나나' 이야기가 고객서비스와 관련해 하이닉스 직원회의 시간에 언급되었다는 얘기를 들었다.

매니큐어

바나나 이후 새롭게 객장에 등장한 것이 '매니큐어'다. 여성 근로자들이 많은 지역적 특성을 고려해 이번에는 먹는 것 외에 새로운 놀 거리를 찾아보았다. 이른바 체험을 통한 서비스였다. 요즘만 같아도 네

일아트가 널리 퍼져 있지만 10여 년 전, 당시의 공장 내 여건은 그런 것을 이용할 수 있는 처지가 아니었다. 그래서 매니큐어를 여러 가지 색들로 구비해 휴게공간에서 자유롭게 이용할 수 있도록 비치해놓았다.

이것저것 지우고 바르면서 친구들과 시간을 보내곤 하는 모습이 마냥 보기 좋았다. 이색 서비스로 후한 점수를 받았다. 고객을 생각하는 다양한 시도들이 농협에 대한 '부정적인 이미지'를 지워가는 데에도 크게 도움이 되었다.

: 외환거래를 할 수 있습니까? :

"지금까지 안 했는데 다 이유가 있지 않을까요?"

직원의 말이 아니더라도 16년 동안 거래를 안 하는 데는 다 그만한 이유가 있을 것이다. 우선 서울과 경기도 이천 사이는 거리가 너무 멀었다. 그리고 우리 지점의 규모가 기업금융을 하기에는 턱없이 작았다.

부임한 뒤 5개월가량 시간이 흐르고 지점의 향후 존립과 운명을 개척하는 데에는 본사와의 거래가 필수라는 생각을 점점 굳히게 되었다. 때마침 반도체 시장이 최악의 상황을 벗어나면서 기업은 다시 정상화의 길로 접어들었다. 채권은행들은 회사를 워크아웃 상태에서 조기졸업시키기로 결정하고 대규모 지원계획을 세웠다.

그러나 무엇부터, 어디서부터 접근해야 할지 막막하기만 했다. 이미 거래가 있었던 은행들을 중심으로 향후 일정이 착착 진행되고 있었다. 그 틈에 끼어 가까스로 한도를 아주 조금 만드는 데 성공했다. 그 한도를 들고 처음으로 서울에 있는 하이닉스 본사 사무실로 찾아갔다.

접견실에서 재무팀 소속 팀장, 과장들과 첫 미팅을 하게 되었다. 어렵게 한도를 만든 과정에서부터 농협의 문화와 특징에 이르기까지 궁금해하는 모든 것을 충분히 설명했다.

"회사명과 똑같은 지점 이름을 사용하는 우리가 이 회사와 꼭 거래하고 싶습니다."

"하지만 거리가 너무 멀어 거래할 수 있는 점포로는 적합하지 않습니다."

"알고 있습니다. 제가 왔다 갔다 해서라도 거리문제를 해결하겠습니다."

"그런데 그 지점에서도 외환거래를 할 수 있겠습니까?"

"네, 비록 경험은 없지만 일할 수 있는 직원을 데려와서 차질 없도록 하겠습니다."

우리나라 국가 경제에 이바지하는 국민 기업과 꼭 거래해서 국가적인 금융기관으로서 농협의 역할을 해보고 싶다는 나의 간절한 소망도 피력했다. 난색을 표하는 실무자들을 어떻게든 설득하려고 했다. 그리고 "기회를 주면 반드시 잘할 자신이 있다."고 거듭 말했다.

우리들의 의욕이야 하늘을 찌를 듯했지만, 우리의 여건과 형편은 사실 보잘것없었다. 국내외 16개 은행을 거래하는 대기업 입장에서 아무리 자기들 회사의 공장에 들어와 있는 은행이라고 하더라도 지방에 있는 조그만 점포에서 외환거래를 한다는 것이 상식적으로는 불가능한 일이었다.

누구의 말처럼, 아는 사람이 있더라도 거래가 불가능했다. 그런데 이런 척박한 환경에서도 점차 거래를 늘려나가자 농협 안에서조차 내게 "기업 쪽에 아는 사람이 있느냐?"고 묻는 사람이 있었다. 또 서운하게 도 "공장 안에 있으니까 당연히 해주는 것 아니겠냐?"고 말하는 사람도 있었다. 사실 둘 다 아니었다.

"뭐부터 해볼까요?"

"무엇이든 조금씩만 보내주십시오, 배우면서 하겠습니다."

선적서류는 실물이 은행에 반드시 제출되어야만 하는 중요서류였 다. 지금이야 전자 전송시스템으로 주고받을 수 있게 되어 있지만, 그 때는 한 시간 간격으로 오가는 사내 버스기사 아저씨의 행낭 편으로 선 적서류를 주고받으면서 일을 시작했다. 지금 생각해보면 말도 안 되는 일이었다.

신용장개설, 수출환어음 매입 등 생전 처음 보는 거래가 나타나기 시 작했다. 나는 마음을 다잡았다. 두려움 없는 희망도 없고, 희망 없는 두 려움도 없다고 했다. 안 해본 일을 한다는 것은 두렵기도 하지만 한편으 로 얼마나 가슴 설레는 일인지 모른다. 그것은 직원들도 마찬가지였다.

사실 사람을 데려오지도 않았고, 처음 하는 일은 회사에서 배워가면 서 하기도 했다. 나는 어떻게든 농협도 다른 은행 못지않게 기업거래 를 할 수 있다는 것을 보여주고 싶었다. 그런 우리에게 기회를 준 회사 와 직원들에게 지금까지도 고마운 마음이다.

하이닉스 지점의 외환거래는 전자산업의 '쌀'이라고 하는 반도체 생 산기업과, 우리 농협이 '쌀'의 본고장 경기도 이천에서 만들어낸 최고 의 합작품이었다.

: 행운은 준비된 사람에게 :

예전 농협의 대다수 점포에는 이렇다 할 만한 외환거래가 없었다. 내가 근무했던 점포 역시 환전이나 송금업무도 접할 기회가 없었다. 어쩌면 다른 은행만 못하다는 평가도 일정 부분 이런 데서 비롯된 인식의 결과라고도 할 수 있겠다. 그것은 곧 은행 이미지와도 연결되어, 그런 거래를 하고자 하는 사람들로부터 자연스럽게 멀어지는 결과를 낳았다.

나는 농협에 들어오고 난 후부터 마음속으로 이 부분에 경쟁력을 가지고 싶어 했다. 약점에서 강점으로의 전환이 효용가치가 높다고 본 것이다. 하지만 이렇다 할 기회가 없었으니 그런 야심은 별로 소용이 없었다.

차장일 때 실무직원이나 초급책임자를 대상으로 하는 '금융연수원 외환업무 실무교육프로그램'을 접할 기회가 있었다. 신용장 통일 규칙부터 수입, 수출에 이르기까지 외환 실무에 관한 교육이었다. 사람들은 차장이 그런 교육을 받아서 무엇에 쓰느냐고 했다. 교육생 중에 차장은 말 그대로 전 은행을 통틀어 나 혼자였다.

"차장이 그런 건 배워서 뭐하게?"

"개인적으로 관심도 있고요, 혹시 배워뒀다가 요긴하게 쓰일 날이 오면 좋고요."

내가 만일 그 당시 외환 교육을 받지 않았고, 외환 업무에 대한 식견이 없었다면 과연 아무것도 모르는 직원들을 이끌고 지방의 공장 내에 있는 조그만 점포에서 감히 대기업 외환거래를 추진하려고 마음먹을 수 있었을까. 그런 기회를 행운으로 살릴 수 있었던 결정적 계기가 외환 업무에 대한 식견이라고 할 수 있겠다.

"행운은 준비된 사람에게 찾아온다."는 말처럼 나중에, 정확히 10년 뒤에 지점장으로 일하면서 기업체와 거래를 할 때 행운이 찾아온 것이다. 그 당시 익혔던 외환업무 지식이 그렇게 유용하게 쓰일 줄은 까맣게 몰랐었다. 우습게도 그 덕에 농협에서는 내가 최고의 외환전문가로 알려졌다.

마케팅은 결국 자신감인데 은행원으로서 지식이 부족하다는 것만큼 부끄러운 것은 없을 것이다. 은행원이 업무를 잘 모르면 그 은행이 신통치 않은 것으로 생각한다. 언제 쓰일지 몰라도 자신만의 실력을 갖추고 있으면 유용하게 쓰일 날이 반드시 찾아온다. 행운은 준비된 사람에게 찾아오기 때문이다.

: 외부 고객보다 힘든 내부 고객 :

한국 기업 역사상 유례없는 워크아웃 성공사례5년 만에 11조 원 여신을 2조 원으로 줄임로 꼽히는 하이닉스 워크아웃기업개선 작업 졸업식을 앞두고, 채권은행들이 공장 전체를 공동으로 담보하고 새로운 대출에 들어간다는 소식을 듣게 되었다. 공장 안에는 봄의 기운이 완연했다.

대부분 채권은행이 회사의 변동 상황에 민감하게 반응했던 반면, 별반 거래가 없었던 농협에서는 무덤덤했다. 우리 지점에서는 아무런 거래도 없었으니 그나마도 정보를 접할 수가 없었다. 서둘러 본부를 찾아갔다.

"이번 기회에 거래를 트지 않으면, 그 안에 있는 우리 지점은 폐쇄 외에 다른 길이 없습니다."

"지점장님 말씀에 충분히 공감합니다. 하지만 채권은행단의 참여 의향서에 대한 공식적인 회신을 이미 완료한 상태라서 어쩔 수가 없습니다."

사실 그동안 회사 사정이 워낙 어려웠던 터라 본부에서는 추가적인 거래에 대해 전반적으로 미온적인 태도를 취하고 있었다.

"솔직히 그동안 반도체 경기 둔화로 농협에서는 추가 지원에 소극적일 수밖에 없었습니다."

"회사를 위해서만이 아니라, 앞으로 농협의 입장에서도 이번 기회에 반드시 거래를 시작해야 합니다. 반도체 시장은 어둠의 긴 터널을 지나 이제 새로운 국면으로 접어들고 있는 것이 확실합니다."

"진즉에 알았더라면 어떻게 해 볼 수 있었겠지만, 이사회 결의까지 받아 통보된 사항이므로 번복할 수 없습니다. 더구나 내일모레 조인식을 앞두고 있으므로 지금은 하고 싶어도 물리적으로 할 수가 없습니다."

더 이상 실무자와 거리를 좁힐 수 없었다. 뒤에 있던 팀장과 다시 이야기를 시작했지만 역시나 같은 얘기만 반복되고 있었다. 입에서 단내가 날 만큼 오랜 시간이 지났고 일단 밖으로 나와야만 했다.

이대로 발길을 돌려야 하나 말아야 하나, 엘리베이터 앞에 멈춰 서서 고민을 하고 서 있던 순간 해당 부서의 부장이 밖으로 나왔다. 실무자들과 못 푸는 일이니 위의 책임자와 마지막으로 한 번 더 상의해볼까를 망설이던 차에 엘리베이터 앞에서 극적으로 만난 것이다.

"안녕하십니까? 하이닉스 지점의 지점장입니다. 십 분만 시간을 주실 수 있겠습니까?"

"아! 네, 그러십시다. 안으로 들어가시죠."

이렇게 해서 방금 나왔던 방으로 다시 돌아가 부장실로 안내를 받았다. 부서에서 직원과 팀장에게 설명했던 내용을 다시 얘기하고, 이 일이 성사되고 난 이후의 계획에 대해서도 자세히 설명했다. 원래 나는 무슨 일을 할 때, 실무자를 통해 처리하는 것을 원칙으로 삼고 있었지만, 이대로 물러나는 것이 너무 아쉬웠기 때문에 어쩔 도리가 없었다.

얘기를 듣고 난 부장이 다시 책임자를 불렀다.

"다시 한 번 생각해보는 건 어떻습니까? 지점의 사정도 그렇고, 대기업인데 그 정도 리스크야 별문제 없을 것 같습니다."

"예, 그러면 다시 검토해보겠습니다. 외환 은행에서 의향서를 다시 받아다 준다면 말이지요."

놀랍지만 팀장은 조금 전과 태도가 사뭇 달라졌다.

"아! 그건 제가 해결하겠습니다."

180도 달라진 답변에 의아할 겨를도 없이, 주간은행에서 의향서를 다시 받아오는 일은 내가 하겠노라 자청했다.

이쯤 되니, 그러면 왜 내가 그토록 애걸복걸 이야기할 때 자기 얘기만 하고 내 의견을 무시했느냐고 원망을 해야 하는 건지, 꺼져가던 불씨를 다시 살려내게 되었으니 아무튼 고맙다고 해야 하는 건지, 일을 번복하게 만들어서 미안하다고 해야 하는 건지, 순간 판단이 서질 않았다. 하지만 기쁨은 감출 수가 없었다.

살면서 '번거롭다'는 한 가지 이유만으로 '안 된다'고 했던 일이 얼마나 많았딘가.

"나에게 절실한 일이 누군가에게는 아무렇지도 않은 일일 수 있고, 누군가에게는 절실한 일이 나에게는 아무렇지도 않은 일이 될 수 있겠구나!"

깊은 깨달음을 얻게 되었다. 새삼 느낀 건 '외부 고객보다 내부 고객을 설득하는 일이 더 어렵다'는 사실이다.

ː 하이닉스 러브카드 ː

반도체 시황이 좋아지면서, 회사의 영업실적이 나날이 좋아지고 있었다. 성공적인 구조조정과 하이닉스 직원들의 불굴의 도전정신으로 일구어낸 기술개발이 빛을 발하게 된 것이다. 공장 가동률이 높아지고 신규직원들의 채용이 속속 늘어나면서, 공장 안 직원들의 표정이 더없이 활기차 보였다.

회사 사정이 하루가 다르게 변해가는 데 반해 우리 지점에 오는 고객의 숫자는 별반 달라지지 않았다. 회사에 들어올 때, 의무적으로 급여통장을 마을금고에 만들고 있었기 때문에 우리에겐 신규직원들이 '그림의 떡'이 되고 만 것이다.

우리 농협도 회사 내에서 제법 자리를 잡아가게 되었지만, 여전히 아쉬운 것은 내점 고객이 적다는 것이었다. 늘 오던 고객만 오고 새로운 고객이 늘지 않으니 카드를 추진하는 일이 매우 어려웠다. 그렇다고 회사나 공장 안으로 들어갈 수도 없었다. 식당이나 공장 내에서의 판촉활동은 절대 불가했기 때문이다.

그래서 생각해낸 것이 단순한 은행카드가 아니라 회사의 로고를 넣은 이 회사만의 특색카드를 만드는 것이었다. 이른바 '제휴카드'라고 하는 것이다. 회사 내 젊은 직원들을 겨냥해서 그들이 선호하는 카드의 특징과 혜택을 조사했다. 그 카드에 대항하는 혜택을 망라해서 결코 뒤지지 않는 카드를 설계했다.

디자인도 직원들의 의견을 반영하기 위해 몇 가지 시안을 만들어 노동조합을 통해 사전에 선호도 조사를 마쳤다. 이름도 '하이닉스 러브카드'라고 정했다. 그 과정에 참여한 직원들을 통해서 자연스럽게 농협카드 홍보활동을 하게 되었다. 요즘 말로 '사용자 경험'을 통한 마케팅 활성화 방법이었던 셈이다.

디자인과 혜택, 기능에 대해 미래 소비자의 의견을 적극 반영했다. 다른 금융상품 홍보활동에는 많은 제약을 주었지만 회사와 제휴하는 카드사업에는 회사에서도 적극적으로 협조해주었다. 우리는 카드 이용 수익의 일부를 하이닉스 복지기금에 출연할 수 있도록 만들었다. 그러자 회사는 회사의 법인카드 일부를 농협으로 바꿔주었다.

본부에 찾아가 예산 지원을 요청한 끝에, 여름철 아이스박스 사은품을 수백 개 준비할 수 있었다. 사은품 선정 기준은 부피가 크고, 가격이 비싸지 않으며 실용적이어야 한다는 것이었다. 이순신 장군의 노적봉처럼 사은품을 산더미처럼 쌓아놓고, 지나가는 직원들에게 카드를 홍보하기 시작했다. 드넓은 공장에서 그렇게 하지 않으면 사람들 눈에 띄지도 않는다.

그렇게 회사직원들을 상대로 추진한 카드가 무려 2,000좌 이상으로 제휴카드 추진 사상 최고의 실적을 거두었다. 우리는 전 직원이 제주도 여행을 다녀오는 프로모션을 획득했고, 그해 연말연시를 직원들과 함께 제주도에서 보냈다. 서귀포 검푸른 밤바다 앞에서 송년회를 하고, 이튿날 한라산 정상에서 시무식을 치를 수 있었다.

주의 깊게
관찰하라

사람의 얼굴을 빤히 쳐다보는 것은 상대방에게 결례가 될 수도 있고 불편한 일이 생길 가능성도 있다. 그러다 보니 고객이 행동이나 표정으로 보내는 메시지를 제대로 흡수하지 못해 낭패를 겪는 사례도 생긴다.

모든 사건 사고는 천둥 벼락 치듯 갑자기 터져 나오는 것이 아니라 대부분 전조나 징후가 있다. 다만 우리가 그것을 놓치고 있을 뿐이다. 접대나 선물을 후하게 하는 사람도, 지나치게 친절한 사람도 지나고 보면 그것이 어떤 사인이었다는 것을 알게 된다. 주의 깊게 관찰하지 않으면 잘 보이지 않는다.

그런 전조나 징후를 미리 알아차려야 불필요한 사고를 예방할 수 있다. 이런 징후를 미리 알아차리기 위해서는 주의 깊게 관찰하는 방법 말고는 없다. 사고는 미리 예견하고 막아내는 것이 중요하다. 이미 여러 사람이 알 정도로 시간이 흐른 뒤라면, 그땐 이미 늦은 것이다.

그런데도 대부분 '알고 난 이후에 어떤 조치를 취했느냐'를 가지고 귀책사유 여부를 따진다. '왜 알지 못했느냐'를 따지는 경우는 흔치 않다. 그래서 많은 사람이 사전에 알아내는 것보다 알고 난 이후의 조치에 집중한다. 하지만 주인의 마음에서 생각해보면 사전에 알아내는 것이 백 번 중요하다.

: 기업 사냥꾼 :

'기업 사냥꾼'이란 것을 말로만 들었지, 내가 만날 수 있는 사람들이라고는 꿈에도 생각하지 못했다. 그들은 기업을 거짓으로 인수한 후, 회사의 재산에 막대한 손실을 입히고 달아나는 악랄하고 잔악한 사기꾼들이다. 교묘한 방법으로 회사가 보유한 현금을 외부로 빼돌리고, 갖가지 불법적인 방법을 동원하여 순식간에 기업을 빈껍데기로 만들어버린다.

대기업과 외환거래를 조금씩 시작하면서, 그동안 우리 지점에 기회를 주지 않았던 단지 내 다른 몇몇 회사들과도 새로운 외환거래를 하기 시작했다. 그중 하나가 모니터를 제조 판매하여 연간 매출이 4,000억 정도 되는 '주인 없는 회사'다.

때마침 인수자가 나타나 이 회사의 새로운 주인이 되었다. 새 주인에게는 그동안 미뤄졌던 연구개발에 대한 투자 확대가 기대되었다. 우리 지점과도 무역금융 한도를 신규로 100억을 설정했다. 기존에 7개 은행에서 1,500억 규모의 무역금융을 거래해왔기에 별다른 의심을 하지 않았다. 다만 우리가 자금지원을 결정하는 자리에서 나의 뜻을 분명하게 전달했다.

"나라의 부를 일으키는 기업에 대해서 농협에서는 사명감을 갖고 자금을 지원하겠습니다. 하지만 기업에서 거짓 정보를 제공하거나 엉터리 일을 하게 되면 저는 어떤 희생을 치르더라도 가차 없이 자르겠습니다."

마치 앞으로 일어날 일들을 알기라도 한 듯이 이런 말을 했는데, 이러한 내 생각은 이전에도, 그 이후에도, 다른 기업에 대해서도 마찬가지였다.

외환거래가 커지면서 우리 지점은 새로운 활로를 찾았다. 새로운 일거리도 생기고 사업실적도 매월 올라갔다. 지방의 작은 점포가 서울에 있는 대기업과 거래를 시작했으니 당연한 결과였다. 직원들도 새로운 거래처와 일감에 흥미를 갖기 시작했다.

새로운 희망으로 우리들의 가슴이 잔뜩 부풀어 있던 바로 그 시기에, 어둠의 그림자가 서서히 우리 곁에 다가오고 있었다. 100억의 무역금융을 거래하던 기업의 새로운 인수자가 말로만 듣던 '기업 사냥꾼'이었던 것이다. 물론 다 터지고 난 뒤에서야 알게 된 일이었지만, 상상만으로도 끔찍한 일이다. 더욱 충격적인 것은 당시에 아무도 이러한 사실을 몰랐다는 것이다. 물론 알면서도 거래할 사람은 없었겠지만 말이다.

처음 회사는 업종을 추가하고 사명을 바꾸는 등 발 빠른 변화를 시도했다. 새로운 모델의 모니터 개발을 위해 연구개발 투자를 확대하고, 그동안 부진했던 설비투자도 늘리겠다고 했다. 미주, 유럽 지역에서

열리는 신제품 디자인 로드쇼에도 수시로 참여했다.

그런데 나를 살리려던 것인지, 내 눈에 이상한 일들이 하나둘 포착되기 시작했다. 비행기 전세를 내서 200여 명의 전 직원들을 태우고 제주도로 워크숍을 다녀오는가 하면, 회사 일과 관계없는 중동 지역으로 대주주가 출장을 자주 나갔다. 개인 일이라면 상관없겠지만, 출장에는 재무 총괄책임자도 동행시켰다. 대규모 워크숍은 경영자의 판단이 아니라, 직원들 사기 진작을 위한 대주주의 뜻이라고 했다.

미주 지역에서 다년간 시계판매상을 했다는 이상한 경력의 소유자를 회사의 전문경영인으로 앉히고, 회사를 인수하기 전부터 있던 간부 직원을 자르지 않고 등기 이사로 승진시켰다. 내 상식으로는 납득하기 어려운 일들이 일어나고 있었던 것이다.

현장 확인

나는 우선 중국 현지에 있는 공장에 직접 가보기로 했다. 김천에도 공장이 있기는 하지만 주력 생산품의 공장은 중국 톈진에 있었다. 회사의 이력이나 타행거래 규모 등을 감안하여 해외에 있는 공장에 대한 현지 확인은 생략하였던 터였다. 마음에 걸리는 일들이 포착되면서 현지 공장 라인에 대한 궁금증이 커져만 갔다.

본부에 출장승인을 요청했더니, 비용을 회사에서 부담하는 경우에만 가능하다는 연락이 왔다. 찜찜해서 내가 직접 가보려고 하는 것인데, 회사에 부담을 시키면서까지 간다고 할 수는 없는 노릇이었다. 결국 시상금 받은 돈으로 비행기 표를 구입했다.

중국 현지 공장은 바로 옆에 삼성전자의 공장과 함께 대한민국의 전

자산업 수준을 말해주듯이 나란히 자리를 잡고 있었다. 회사의 재무책임자도 동행하였고, 현지 공장의 법인장은 친절하게 우리 일행을 안내했다.

"지점장님께서 이 먼 곳의 공장까지 직접 오시는 건 처음입니다."

"아, 그래요? 번거롭게 해드려서 죄송합니다."

"아, 아닙니다. 편안하게 이곳 구경도 좀 하시면서 자세히 보고 가십시오. 중국 법인에 대한 브리핑이 내일 아침에 있을 예정입니다."

법인장의 안내로 수출기업의 해외활동과 제품의 종류, 생산량, 중국 종업원들의 특징에 이르기까지 비교적 상세한 보고를 받게 되었다. 공장에서 생산된 제품은 주로 동구 유럽에 판매되고 있었고, 중국에서는 여전히 옛날 현대전자로 통하고 있었다. 그동안 투자가 일어나지 않아 생산 라인의 설비가 매우 조악해보였다.

일부 매출은 OEM 방식주문자 위탁생산에 의한 단순 임가공으로 수익이 거의 발생되지 않는 물량도 포함된 것을 확인했다.

리스크 관리

"기술 투자가 일어나지 않아 타사 제품 대비 경쟁력이 많이 떨어지지 않습니까?"

삼성, LG를 염두에 두고 하는 질문이었다.

"솔직히 그 부분은 맞는 말씀이긴 하지만, 저희가 주로 공략하는 시장이 주로 동구 유럽입니다. 소 잡는 데는 소 잡는 칼이 필요하고 쥐 잡는 데는 쥐 잡는 칼이 필요하듯이, 그 지역에서 원하는 수준에 맞는 제품을 생산하므로 나름대로 지역 여건에 맞는 경쟁력이 있습니다. 그 지역은 우리가 생산하는 값싼 제품에 대한 수요가 여전합니다."

납득할 만한 설명은 아니었지만, 그곳에서 논쟁을 벌일 일도 아니고 더 이상 경쟁력에 관한 이야기는 접어야 했다. 돌아오는 길에 만리장성에 잠시 들러 그곳의 차가운 겨울바람을 맛보았다. 중국에서 돌아오는 즉시 리스크 관리에 착수했다.

마침 홍콩의 투자법인에서 200억의 신규투자를 유치했다는 공시가 떴다. 보통의 경우 투자유치는 주식시장에서 호재로 활용된다. 나는 거꾸로 회사 재무책임자에게 자금의 용도와 사용처를 캐물었다. "새로운 제품개발비와 일부 운영자금 등으로 쓰인다. 200억 정도는 우리 회사 규모에서 별로 큰 금액이 아니다."라는 설명이었다.

나는 사용처를 집요하게 추적했고, 은행연합회 공시자료를 통해 해외법인에 대한 현지 금융에 추가담보 성격의 정기예금으로 일부가 들어간 것을 확인했다. 담보예금은 공시자료에 주석표시사항_{재무제표에 표시되는 우발 상황이나 약정사항과 같은 추가정보}으로 표시된다. 우리 지점에도 회사의 여유자금을 추가로 정기예금 해줄 것을 요청했다. 담보 성격의 정기예금이 합계 30억이 되었다.

이듬해 봄이 되자, 회사의 주식이 주식시장에서 상, 하한가를 반복하는 일이 자주 발생했다. 롤러코스터를 타는 회사의 주식거래가 정상이 아니라고 판단했다. 본부에서도 주가 변동 상황을 모니터링하고 있었다. 나는 원인 파악에 골몰했다. 아무래도 홍콩의 투자 법인과 관련이 있어 보였다.

그들의 투자 방식은 주로 해외전환사채를 이용하고 있었다. 투자를 하고 난 뒤 3개월이 지나면 주식으로 전환하여 투자금을 회수해가는 방식이다. 회사의 미래를 보고 장기적으로 투자하는 것이 아니라, 일부 불순한 해외 투자법인들이 투자 유치라는 호재를 이용해 주식 가격을 띄우고, 몰려든 투자자들에게 주식을 팔아넘긴 뒤 단기에 빠져나가는 전문적인 꾼들이라는 것을 알게 되었다.

그런 자금이 유입된다는 것은 회사에 긍정적이지 않다고 보았다. 무역 금융을 하다가 낭패를 본 지점장을 통해 위험관리에 대한 조언을 들었다.

"이상 징후를 전혀 못 느꼈습니까?"

"느꼈죠. 느꼈는데, 그놈의 실적 때문에 용단을 못 내리고 우물쭈물하다가 물렸습니다."

나에게 부여된 첫 번째 책무는 실적이 아니라 우리의 재산을 안전하게 보호하는 것이라고 수없이 머릿속으로 되뇌었다. 작년에 이어 올해도 그냥 가면 무조건 1등이다. 하지만 차후에라도 조직에 막대한 손실을 끼칠 수 있는 요인을 안고 가면서까지 1등을 하고 싶지는 않았다. 나에게 책임이 있고 없고가 문제가 아니었다.

5월부터는 그 회사의 무역금융 신규거래를 전면 중단시켰다. 그때까지도 겉으로 드러난 부실 징후나 불법행위는 없었다. 본부에서조차 나의 행동에 우려와 걱정을 표시했다. '회사로부터 손해배상 청구가 들어올 수 있다'는 것이었다.

하지만 나는 지점장으로서 우리 농협의 돈을 안전하게 지키는 일에 목숨을 걸어야 했고, 상식에 반하는 일은 반드시 상식에 반하는 결과를 가져온다고 믿고 있었다. 열심히 일하는 사람의 자존심을 위해서라도 이번 일이 실패로 끝나서는 안 된다고 수없이 마음속으로 다짐했다.

마침내 6월경에는 회사의 재무책임자가 나를 찾아왔다. 참으로 선량하고 착한 인상을 주는 분이었다. 그동안 나와 함께 중국 현지 공장에도 동행했고, 운동도 몇 차례 함께했다.

"지점장님! 한도를 풀어주십시오. 회사에는 아무 문제가 없습니다."

"7월 말까지 신규한도를 닫아야 합니다. 사채시장에 떠도는 루머를 확인하고, 그때 가서 판단하겠습니다."

있지도 않은 리스크 관리부의 정보를 핑계로 한도를 닫은 이유를 설명했다. 아무런 근거도 없이 회사의 기업활동을 제약해서 기업에 손해를 끼쳤다면, 손해배상 청구의 대상이 될 수도 있다. 또 정당한 사유 없이 기업활동을 방해해서도 안 되기 때문이다.

며칠 후 같이 운동을 마치고 목욕탕 안에 마주 앉았다. 옷을 벗고 알몸으로 얘기하면 솔직해진다는 말을 믿고 또다시 물었다.

"회사 안에 지금 무슨 일이 있습니까? 저에게 사실대로 말씀해주십시오."

혹시나 나에게만은 사실을 귀띔해줄 수 있을까? 실낱같은 희망을 품고 조심스럽게 물었다.

"신구 모델 교차에 따른 일시적인 자금 불일치가 있을 뿐, 아무 문제가 없습니다."

그분은 참 좋은 분이고, 나와 처음 거래를 시작했던 재무총괄 책임자였지만, 직책상 어쩔 수 없었던 것이다. 나에게 새로운 정보를 주지 않았다. 다만 한 가지 진실을 말해준 것이 있었다. 그것은, 나의 눈을 똑바로 바라보지 못하고 말하는 것이었다. 마음속으로 고맙다고 생각했다. 그동안 혹시나 하고 의심을 품어왔던 일들이 눈앞에 현실로 나타나게 된 것이다.

갑작스러운 해외여행

그해 7월, 가을에 가려던 해외연수 일정을 앞당겨서 제헌절 연휴에 다녀오도록 했다. 이 판국에 그 일이 그렇게 중요하냐고 하겠지만, 모든 상황이 이미 정해진 대로 전개될 것이고, 이제 내가 할 수 있는 일은 직원들과 함께 가기로 한 해외연수를 애초 계획대로 하반기에 갈 것이냐, 일이 터지기 전에 다녀오느냐를 결정하는 것뿐이었다.

어떻게든 막아보려고 최선을 다했지만 더 이상 어쩔 수 없는 시점이 다가오고 있었다. 일이 터지고 나면 해외연수를 위해 그동안 적금을 부어왔던 착한 우리 직원들 얼굴을 어떻게 볼 것이고, 간다고 한들 무슨 재미가 있겠는가. 차라리 직원들이 아무것도 모를 때 갔다 오기로 한 것이다.

무더운 여름, 내용을 알지 못하는 직원들은 철없이 즐거워했다. 혼자만의 고뇌를 안은 채 직원들을 데리고 그야말로 '최후의 만찬'을 즐기는 심정으로 2박 3일 대만 여행을 다녀왔다. 얼마나 정신이 없었던지 대만에서는 호텔 밖으로 아침 조깅을 나갔다가 길을 잃어 2시간 만에 간신히 호텔로 돌아오기도 했다.

여행에서 돌아오고 며칠 후 점심 무렵이었다. 불과 한 달 전 회사에 아무 문제가 없다던 재무총괄 책임자로부터 회사 내부에 문제가 발생해 죄송하다는 전화를 받게 되었다. 망연자실했다. 막연히 추측해왔던 일이 현실이 되고 만 것이다. 어느 정도 예상했던 일이지만 가슴이 철렁했다. 지나간 일들이 주마등처럼 스쳐 지나갔다.

그동안 여러 가지 준비와 노력을 해왔지만, 담보와 신규중단으로 60억을 줄였을 뿐이다. 좋게 보면 그래도 60억이나 건진 셈이지만, 나쁘게 보면 40억을 날릴 판이다. 내가 그동안 쌓아왔던 명성도 하루아침에 물거품처럼 사라지게 되었다.

주거래은행을 포함해 다른 은행에서도 그때까지 까맣게 모르고 있었다. 회사 내에서는 사태 수습을 위한 '비상 대책위원회'가 꾸려졌다. 은행거래는 올스톱되었다.

회사에는 불법 유통된 어음이 쏟아져 들어오고, 사채업자들에 의해서 회사의 재산은 전부 압류되었다. 대책위는 대주주와 재무책임자를 업무상 배임으로 사법당국에 고발하고, 사고 수습을 위한 대책을 마련하고 있었다.

사건 내용은 이른바 '기업 사냥꾼'으로 불리는 사기꾼들이 대주주로 위장해 회사를 인수하고, 회사의 유동성 현금 170억을 불법적으로 외부 유출시킨 것이 회계감사에 드러난 것이다.

자신들이 회사를 인수하기 위해 그 자금 조달 방법으로 수백억의 사채어음을 발행하는데, 인수한 회사 직인으로 사채어음에 배서_{회사가 결제할 책임을 짐}하여 결국 회사에 막대한 피해를 입히는, 기업 M&A_{인수합병}를 가장한 전형적인 사기행각이었던 것이다.

순진하기는 은행도 그 회사 직원들도 마찬가지였다. 온갖 불법수단을 동원하여 회사가 보유하고 있는 현금을 외부로 빼돌리고 회사를 빈껍데기만 남기고 도망친다는 무서운 악덕 기업주가 대주주인 것을 까맣게 모르고 있었던 것이다. 나름대로 낌새를 차리고 방어에 나섰지만, 내 능력이 여기까지였다. 남은 40억을 어떻게 회수할지 고민에 빠졌다.

100억을 전액 '클리어' 시켜라

나는 서울 사무실로 즉시 이동했다. 나머지를 꼭 받아내서 불명예도 썼고, '열심히 하는 사람이 손해 본다'는 인식도 남기지 말아야 했다. 빵 보따리 하나를 손에 들었다. 직원이라도 만나면 건네줄 작정이었다. 회사가 '죽네사네' 하는데 지점장이 나타나 염탐이나 하는 듯 보이기는 싫었다.

강남 사거리 6층 건물, 무려 6시간 이상을 회사 주변에서 서성거렸다. 직원들의 눈을 피해 화장실에 몸을 숨기기도 했다. 그러던 중에 비상대책위원 중 한 사람이 금액 미상의 수표를 인출하여 봉투에 들고 다니는 것을 확인할 수 있었다.

그것은 아마 해외에서 송금된 회사자금으로, 종업원 퇴직금과 기업회생을 위한 종잣돈씨드머니으로 빼돌린 것으로 추정되었다. 은행거래가 막히자 회사 이름이 아닌 다른 사람 명의로 송금을 받아 수표로 인출해 가지고 있었던 것이다.

어차피 이렇게 된 거 죽기 아니면 까무러치기다. 우리 돈 40억을 받아내기 위해서 나는 못할 일이 없다고 생각했다. 밤늦게 대책위 사무실로 '당장 갚으라'는 통보를 팩스로 발송했다. '그렇지 않으면 내일 날짜 오전 9시부로 국내외 전 은행계좌에 압류를 실시하고, 회사의 모든 계좌에 대해 부도처리를 하겠다'는 최후통첩이었다. 그때까지도 회사 내 정확한 사정이 외부로 알려진 것이 없었다.

뿐만 아니라, 회사자금으로 추정되는 3인 공동대책위원 명의로 발행된 수표에 대해서도 전부 압류를 실시한다고 통보했다. 이것이 결정적이었다. 비상대책위 사무실이 발칵 뒤집혔다. 가뜩이나 수개월 전부터

60억 원이나 한도를 감축해왔던 농협에서 강하게 압박해오자 더욱 긴장한 것이다.

이 사실이 외부로 알려지고 상장폐지로 이어지는 날에는 회사 가치가 현저히 내려가고, 채권자들이 일시에 달려들어 자신들이 계획하고 있는 수습 방안이 수포로 돌아갈 수 있기 때문이었다.

그날 밤 비상대책위원장으로부터 전화가 걸려왔다.

"이 건과 관련한 농협의 최고 책임자를 바꿔주십시오."

"접니다. 이 건과 관련해서는 제가 농협의 최고책임자입니다."

미심쩍어했지만 어쩔 수 없었다. 순간 생각해보니 나보다 이 사건을 잘 아는 사람이 농협에 없었다. 그동안 내가 회사에 해왔던 이야기도 있고, 자칫 엉뚱한 말이 오가면 그땐 나의 계획이 수포로 돌아갈 수도 있었기 때문이다. 조금 떨리긴 했지만 다른 방법이 없었다.

"오늘 밤 안으로 20만 유로를 독일에서 송금할 겁니다. 기일이 안 된 7억 원은 틀림없이 갚을 테니 남겨주십시오. 나머지 금액 10억 정도는 내일아침 노조위원장을 통해서 정산할 테니, 농협의 모든 조치계획을 보류해주십시오."

"좋습니다. 송금수취인은 사무실 법인통장으로 해주십시오."

"알겠습니다."

온몸에 기운이 다 빠져 달아나는 느낌이었다. 주변에 있던 직원들은 나의 언성을 숨죽이고 듣고 있었다. 이윽고 나의 표정을 살피더니, 마치 전쟁터에서 살아 돌아온 병사를 보듯 바라보았다.

주거래 은행이 되다

그로부터 이틀 뒤 회사는 법정관리를 신청했다. 그 일이 있고 난 뒤 우리는 회사의 금융거래를 적극 도와줬다. 해외에서는 여전히 판매망을 유지하고 있었고 공장도 가동을 멈추지 않았기 때문이다. 회사는 직원들의 인건비 지급, 원부자재 구입대금 결제 등 뱅킹시스템의 작동이 필수적이었다.

우리 지점은 뜻하지 않게 주거래 은행이 되었다. 다른 은행에는 채권이 물려있어 갈 형편도 못 되었고, 우리는 그 회사에 나갔던 채권을 전액 회수하고 주거래 은행이 되었으니, 거래가 전보다 훨씬 커졌다.

∴ 안 쓰던 법인카드 ∴

중국 기업들이 국내 기업을 인수해, '필요한 기술만 빼가고 기업은 도산시켜 버린다'는 언론 보도가 한동안 떠들썩했던 적이 있었다. 그즈음 중국의 BOE 그룹이 국내 LCD액정 디스플레이 제조업체를 인수한 뒤에, 회사를 운영하고 있었다. 기술을 빼가는지는 내가 알 수 없었지만 투자가 이루어지지 않는 것은 확실해 보였다.

어느 날 우리 지점에 낯선 사람들이 창구 앞에서 서성거리는 모습을 보았다. 나중에 직원이 결재서류를 들고 왔을 때, 며칠 전의 낯선 그 사람들이 그 회사 직원들이었음을 알게 되었다. 법인카드를 추가로 발급해준 것이다. 예전 회사가 잘 나갈 때 우리 지점에서 법인카드를 발급받은 후로 한 번도 사용한 적이 없었는데, 새롭게 법인카드를 쓰겠다는 것이었다.

세상일이 그러하듯이, 안 쓰겠다고 하면 써 달라고 조르고 쓰겠다고 하면 의심을 해보게 되는 법이다. 그런데 순진한 우리 직원은 그런 의심 없이, 찾아준 사람들의 요구에 정성스럽게 응한 것이다. 거기다 새로운 거래에 대한 기대까지 하고 있었다. 나는 회사의 상태를 대충 알고 있는지라, 본능적으로 그 의도를 불순하게 보았다.

곧바로 회사의 상태를 여러 각도에서 알아보았지만, 여전히 불확실하고 석연치 않았다. 그러던 중 그 회사가 법정관리 신청을 준비 중이라는 첩보를 입수했다. 그 사이 법인카드 사용내역을 살펴보니 임직원들의 중국사무소 왕래를 위한 항공권 구매로 이미 4천만 원 정도가 사용되었다.

아직 청구되지 않은 금액이지만 결제계좌에는 잔고가 없었다. 법정관리 신청 직전에 카드를 발급받아 부정하게 사용한 것이고, 정상적으로 대금을 결제하지 않을 가능성이 높은 것이었다. 즉각 카드 사용을 정지시키고, 이미 사용한 금액을 회사명의 다른 통장에 있는 금액과 상계 조치했다.

아직 청구되지 않은 카드대금을 상계시켰다며 펄쩍 뛰었지만, 회사는 며칠 후 법정관리를 신청했고, 모든 채권채무는 즉시 동결되었다. 하마터면 우리 지점은 법정관리 신청을 불과 한 달도 남겨두지 않은 회사에 법인카드를 발급해주고, 수천만 원의 카드대금을 떼일 뻔했던 것이다.

나는 부도덕한 기업의 행태라고 보았다. 기업은 열심히 지원하되, 부도덕한 기업은 철저히 응징하겠다는 것이 나의 '은행 철학'이다.

ː 엉터리 당좌 ː

요즈음 은행에서는 당좌거래를 별로 하지 않는다. 결제 수단이 바뀌고 있기 때문이다. 그런데도 예전부터 당좌어음으로 사기 행각을 벌이던 사람들이 여전히 은행 주변에서 사라지지 않고 있다.

안양에 있을 때 일이다. 새롭게 당좌 개설을 하기가 어려워지자, 예전에 개설해두었던 당좌를 이용하는 사기꾼이 등장했다. 당좌를 사용하기 위해 기업체를 사는 것이다. 만일 순진한 우리 직원들이 상대방의 그런 속셈도 모르고, 규정에서 정한 방식대로 새로운 인수자에게 어음 수표를 교부하는 날에는 낭패를 본다.

사무실에 드나드는 사람 중에 이상한 사람들이 나의 레이더에 포착되었다. 당좌거래의 명의자와 실제 사용자가 달랐던 것이다. 그런 경우를 '바지사장'이라고 한다. 전무라는 사람의 신용을 조회하니 전과자였다. 그것도 금융 관련 전과범이었다. 그동안 사용 내역과 결제된 어음 수표를 살펴보니 융통어음사채으로 사용된 정황이 포착되었다.

즉시 어음 수표 교부를 중단토록 지시했다. 그때부터 문제가 발생하기 시작했다. 어음 수표 용지를 타기 위해 갖가지 방법을 동원하면서, 지점장을 경찰에 고발하기까지 했다. 상공인의 선량한 경제활동을 방해한다는 말도 안 되는 혐의였다. 그들은 오직 그들의 목적을 달성하기 위해 수단 방법을 가리지 않는 사람들이다.

은행에서 어음 수표의 양을 최대한 교부받아 수표를 남발하고, 사용 금액을 키운 뒤에 갚지 않고 도망치는 전형적인 사기 수법이다. 악랄하게 협박하다가 더 이상 어음 수표 타내는 것이 불가능해지자 이미 발행한 어음 수표를 부도내고 잠적했다. 불법적인 금융거래를 중간에 차단하여 선량한 피해자를 줄일 수 있었던 것은 그나마 다행스러운 일이었다.

거친 항의가 두려워 증거를 확인할 때까지 그들이 원하는 방향으로 따라가다가는 의도치 않게 은행은 물론 다른 사람에게까지 큰 피해를 줄 수도 있다는 점을 명심해야 한다.

: 미즈론 하지 마라 :

"지점장님은 촉이 발달해 있어요."

"촉이라고?"

어떤 직관력 같은 것을 '촉'이라고 하는 모양이다. 과거 은행동 지점에서 차장으로 있을 때도 촉이라는 소리를 들었다.

당시에 '미즈 통장'이라는 금융상품이 출시되었다. 가계 결정권을 가지고 있는 여성 고객들의 거래를 확대하기 위해 특화한 여성전용 통장이다. 보증인 없이도 신용으로 마이너스 약정을 해주는, 당시로는 특별한 혜택을 부여한 통장이었다. 대대적인 홍보와 함께 취급 목표도 부여받았다.

이미 상품의 내용을 알고 창구에 찾아오는 사람들을 보면서 나는 수상한 낌새를 느꼈다. 상품에 대한 인기라고 생각하는 사람도 있었지만, 나는 상품의 허점을 이용하는 '꾼'들이 개입하고 있다는 정황을 느낌으로 포착한 것이다. 그들이 직접 사람을 데리고 오는 일은 없으니 증거도 없고 물증도 없었다. 하지만 일이 터지고 난 뒤에는 이미 늦어 버리게 되리라는 것을 나는 알고 있었다.

직원들에게는 이 상품을 될 수 있는 한 취급하지 말도록 당부했다. 군이 그런 상품이 필요치 않다고 하는 분들께는 적극적으로 홍보하고, 반대로 꼭 필요하다고 찾아오는 분들에게는 아주 선별해서 취급토록 하는 역설적인 행동을 감행했다. 인근 사무소에서는 나날이 실적이 올라갔고 상급부서의 독려도 있었지만, 상품에 허점과 위험이 있다는 것을 내세워 직원들에게 취급을 자제하도록 했다.

상품을 개발할 때는 선량하게 생활하는 가정주부들을 전제로, 그들을 고객으로 끌어들이는 생각만 했던 것이다. 하지만 시장에는 예상과 달리 엉뚱한 사람들이 존재한다.

불길한 예감은 틀린 적이 없다고 하는데, 오라는 사람들은 안 오고 신용이 낮은 사람들과 그것을 이용하려는 사람들만 몰려와 급기야는 많은 부실을 초래했던 것이다. 일이라면 항상 남들보다 잘하려는 욕심쟁이 지점장이 남들은 신나게 하는 상품을 하지 못하도록 하자, 처음에 직원들은 의아하게 생각했다.

"한 2년만 지나면 내가 왜 못하게 했는지 알게 될 거야."

그 상품을 취급한 지 정확히 2년도 안 되어 부실로 이어지기 시작했다. '촉'이란 단순한 감이 아니라 시장의 가상 상황을 읽는 눈이라고 할 수 있겠다. 여러 가지 경험을 통해서 앞날에 생길 일을 추측하는 능력이다. 그것은 아마 오랜 현장 경험을 통해 생기는 것이 아닐까 생각된다.

: 전세자금 대출 꿀꺽 :

서민의 대표적인 주거 안정을 위한 정책자금으로 전세자금 대출지원 제도가 있다. 지방자치단체와 협약을 통해 유리한 조건으로 세입자에게 지원하는 제도다. 서류가 행정기관을 통해 접수되자 엉터리 대출신청자들이 폭증했다. 취급직원들은 엄청난 심적 부담을 느끼고 있었다.

"차장님, 허위 서류 신청자가 전체 접수자의 절반 정도 됩니다."

"가짜 전세계약서가 그렇게 많단 말이야?"

허위 계약서를 제출하고 부당하게 대출받으려고 하는 사람들이 몰려드는 것이다. 브로커들까지 생겨 조직적으로 대출을 알선하는 일이 벌어지고 있었다. 진위를 확인하는 확실한 방법은 현장을 일일이 방문하여 전세계약의 사실관계를 확인하는 수밖에 없었다.

하루에 수십 명씩 신청자가 밀려오는데, 일일이 담당 직원이 현장 확인을 할 수는 없는 법이다. 그래서 담당 책임자하고 내가 현장을 찾아다니며 계약의 진위를 집주인에게 확인해오는 촌극을 벌여야 했다.

담당책임자는 나와 함께 현장을 확인하기 위해 차를 몰고 이 골목 저 골목 찾아다니느라 고생을 많이 했다. 자신의 차가 긁히고 부서지는 일도 있었고, 실무 경험이 부족했던 나에게 현장의 실전 감각을 가르쳐 준 사람이기도 하다. 적극성이 나보다 한발 앞섰던 그는 훗날 기업금융 전문가가 되어 있었다.

"여보세요, 아무개 씨 아닌가요?"

"맞습니다."

"집 앞인데 전화 소리가 들리지 않는데요?"

"……."

집 근처에 가서 집주인 연락처로 전화해서 집 안에서 전화벨이 울리는지를 먼저 확인하는 고난도 기법을 동원하는 등 철저한 현장 확인을 했다. 엄두가 나지 않는 신청 건수였지만, 책임자들이 직접 나서서 현장을 지원하니 그것도 무난히 해결되었다. 부실대출을 예방할 수 있었고, 직원들도 안심하고 업무를 처리할 수가 있었다. 소문이 돌자 엉터리 계약서의 제출 건수도 급격하게 줄어들었다.

아무리 좋은 일이라고 해도 현장에서 올바르게 뒷받침해주지 않으면 소기의 성과를 거둘 수 없다. 창구직원의 일이라고 그들에게만 미루어두면 처리 과정에서 여러 가지 문제가 발생할 뿐만 아니라, 직원과 책임자 사이의 일체감을 기대할 수 없게 된다. 그사이에 불신과 냉소가 자리 잡는다.

창구직원과 책임자의 업무 협조로 서민의 주거안정을 위한 전세자금 지원을 무난히 처리할 수 있었다.

: 실패하지 않는 여신 :

만일 은행이 망한다면 마진이 적어서가 아니라 원금 손실을 보기 때문일 것이다. 마진이 적으면 망해도 천천히 망할 테니 시간을 벌 수 있다. 오래 버티면 남들이 먼저 망해서 살아나기도 한다. 하지만 원금을 날리는 장사를 하면 금방 망하는 길로 가는 것이다. 다시 살아날 기회도 없다.

원금을 까먹는 장사는 대출 분야다. 수익을 올리기 위해 자금운용을 하다가 자칫 마진은커녕 원금도 못 건져내는 경우가 발생하기도 한다. 여신에 실패하지 않는다면 은행의 수명은 그만큼 오래 갈 것이다. 우리나라 과거의 상업은행들은 그동안 거의 다 망했다고 해도 과언이 아니다. 100년 은행도 기업의 부실 앞에서는 더 이상 버티지 못하고 쓰러졌다.

실패하지 않는 여신을 위해서 나는 반드시 확인해야 하는 세 가지 일을 강조한다.

첫째, 경로 확인

경로 확인은 어떻게 나한테까지 오게 되었는지를 잘 살피는 것이다. 다른 목적을 가지고 흘러 들어온 것을 별 의심 없이 받아들이거나, 자신이 찾아낸 것인 양 과시하려다 문제점을 보지 못하는 것이다. 상대가 그만큼 교묘했기 때문이 아니라, 내 안에 무관심이나 어두운 욕심 두 가지 중 하나가 자리 잡고 있기 때문이다.

둘째, 용도 확인

실제로 돈을 어디에 쓸 것인지, 어디에 썼는지를 정확히 확인하는 것은 향후 돈의 향배를 가늠케 하는 중요한 척도가 될 것이다. 용도가 틀렸다면 시작부터 틀린 것이다. '담보가 있기 때문에 용도는 상관없다'고 하는 사고방식은 대단히 위험하다.

셋째, 현장 확인

대출에 있어 현장 확인은 모든 사실관계의 최종적 확인이다. 모든 잘

못과 허위는 현장에 숨겨져 있다. 제아무리 경험이 없는 문외한이라 하더라도, 현장을 보면 느낌이 온다. 현장 확인하는 일을 담보물가격을 평가하는 감정자에게 의존하는 것은 매우 위험하다.

금액이 많다면 반드시 지점장이 현장을 확인해야 한다. 멀거나 귀찮아서 가보지 않는다면, 그만큼 원금을 잃어버릴 위험이 커질 것이다. 나도 지점장으로 있을 때 현장 확인을 위해서 중국까지 가보고 온 적이 있다. 중요한 판단과 결정을 내릴 때 현장이 최고의 근거를 제공한다. 요즘에도 현장을 소홀히 해서 사고가 발생하는 것을 보게 되는데, 매우 안타까운 마음이다.

대출 취급 시 주의해야 할 사람의 유형

- 금리 안 따지고 상품 가입 잘하는 사람
- 최대한 많은 금액을 필요로 하는 사람
- 서류를 완벽하게 준비해오는 사람
- 은행에 자기 아는 사람 들먹이는 사람
- 묻지 않은 것을 굳이 설명하는 사람
- 사업계획서가 거창한 사람
- 본인 이외에 여럿이 찾아오는 사람
- 시간에 쫓기듯 서두르는 사람
- 대출받으면서 행복해하는 사람

현장 확인 시 확인해야 하는 사항

- 백 보드
- 화장실, 기숙사

- 직원들 표정
- 직원들과 함께 찍은 사진
- 화초, 화분

회사나 공장 내에 붙어 있는 백 보드를 꼭 관찰해야 한다. 물건 입·출고가 빽빽하게 적혀 있는지, 초복 말복 등 회사일과 상관없는 일정이 표시되어 있는지 확인해볼 일이다.

화장실, 기숙사 시설을 확인해보는 것이 좋다. 망해가는 회사는 화장실, 기숙사 등에 투자하지 않는다.

직원들의 표정이 밝은지 어두운지 잘 살펴보아야 한다. 회사의 미래가 직원들의 표정에 담겨 있다.

또한, 회사가 어려울 땐 직원들과 함께 찍은 사진을 볼 수 없다. 마찬가지 화초나 화분을 돌볼 겨를이 없다.

열정과 공감

열심히 일하는 사람은 많다. 무슨 일이든 열심히 하면 우선 보기가 좋다. 하지만 열심히 한다고 다 좋은 것은 아니다. 자기만의 열정으로 조직의 힘을 빼는 일이 없어야 한다. 즉, 자원을 낭비하고, 성과 없는 일에 구성원들을 지치게 하고, 결정적인 순간에는 힘을 못 쓰게 만드는 일을 말한다.

문제는 자신이 그러고 있다는 사실을 알지 못한다는 것이고, 되레 조직에서 인정받고 있을 가능성이 크다. 왜? 열심히 하기 때문이다. 성과 중심의 인사를 말하지만 측정 방법이 모호해서 마땅치 않을 때가 많다. 그럴 땐 차라리 열심히 하지 않기를 바랄 뿐이다. '공감이 없는 열정'은 조직을 피로하게 만든다. 어쩌면 우리들의 열정은 공감을 얻어내기까지만 필요한 것인지도 모르겠다.

공감의 과정을 거치지 않은 열정의 결과는 참담하다. 열정이 리더의 능력을 100%, 200% 끌어올릴 수 있을지는 몰라도, 공감이 없다면 집단의 능력은 올라가지 않는다. 10%, 20%밖에 발휘하지 못하는 집단의 잠재된 능력을 70%, 80% 발휘하도록 만드는 것은 공감 능력이다. 하지만 잠재된 능력은 사람들의 눈에 잘 띄지 않으므로 누구도 신경 쓰려 하지 않는다.

일하다 말고 가끔 주위를 둘러보는 습관이 있다.

'나 혼자 너무 설치는 거 아냐?'

마음속에 결정을 해놓고도 수시로 직원들에게 물어본다.

"어떻게 생각해?"

"괜찮아요, 좋을 것 같아요."

일하지 않거나 게을러서 문제가 되기도 하지만, 오늘날에는 하지 않아도 되는 일을 서슴없이 하는 바람에 문제가 되기도 한다. 공감이 없는 열정이 빚은 참사다. 공감은 성가시고 귀찮은 존재가 아니다. 지금까지 공감을 무시했던 열정의 논리는 더 이상 환영받지 못하고 있다. 공감으로 인해 열정이 더욱 빛나고, 식지 않고 더욱 오래 갈 수 있다는 사실을 알아야 한다. 무슨 일이든 내가 해야 하고, 나 있을 때 해야 한다는 욕심은 그저 욕심일 뿐 열정이라고 할 수는 없다.

"여러분이 결정하는 대로 나는 따라만 가겠습니다."

이것은 열정이 없는 공감이다. 공감은 다수결의 문제가 아니라 명분과 실리, 설득의 문제이다. '열정이 없는 공감'은 조직을 무기력하게 만든다. 열정에 공감이 필요하듯이 공감에는 열정이 필요하다. 아무리 공감을 내세워 봐야 가슴을 뜨겁게 데우는 열정이 없다면, 조직은 금세 무기력에 빠질 것이고, 공감 또한 이끌어내지 못할 것이다.

: 보답 없는 사랑은 없다 :

가끔 직원들 앞에서 보답 없는 사랑은 없다고 말해왔지만, 그럴 때마다 크리스마스 산타 얘기처럼 어린아이들 앞에서 거짓말하는 느낌을 지울 수 없었다. 뭔가 증명할 방법이 마땅치 않았기 때문이다.

사실 같이 근무했던 직원 중에서도 "열심히 해봐야 소용없다."고 말하는 이들이 있었다. 봉급쟁이가 열심히 해봐야 힘만 들지, 뭔 득을 보겠느냐는 주장이다. 여러 번 소외된 경험을 가진 사람일수록 그런 생각을 더 많이 할 것이다. 일일이 알아주지 못하고, 보상이 그때그때 이루어지지 않으니 충분히 가질 법한 생각이다.

하지만 사랑은 기대만큼 즉시 돌아오지 않는다. 하기야 기대만큼 즉시 돌아온다면 그건 사랑이 아니라, 돈을 주고 사는 '거래'라고 해야 맞을 것이다. 돌아온다는 기약 없이, 어쩌면 일방적으로 퍼주는 것이 여기서 말하는 사랑에 가깝다. 돌아오더라도 시간이 아주 오래 걸린다.

내가 직원이던 시절 거래처도 아닌 기업체를 이곳저곳 돌아다니면서, 무언가 만들어보려고 무던히 애를 썼다. 결국 30년이 지나고 지점장이 된 뒤에야 제대로 된 결실을 거둘 수 있었다. 직원 때 해본 일이라야 책임자가 되어서도 할 수 있고, 책임자일 때 해본 일이라야 지점장이 되어서도 할 수 있다.

남들이 하찮게 생각하는 공과금 하나를 가지고 기존의 생각을 바꿔야 할 만큼 획기적인 성과를 거두었고, 지점장을 하면서 처음으로 지방에 있는 점포에서 서울에 있는 대기업 본사와 거래를 시작했다. 날고 긴다는 은행들이 모두 '기업 사냥꾼'에게 물렸을 때도, 우리만이 유일하게 부실의 코앞에서 살아 돌아왔다. 하지만 내게 특별히 돌아오는 보답은 없었다.

그렇다고 그것이 소용없는 일이라고는 생각하지 않는다. 물론 직장에서 인정받았고 개인적으로는 부행장의 자리에까지 올랐지만, 설령 그런 것이 없었다고 해도 결국 그와 같은 방식으로 살았을 것이다.

나에게 돌아오는 보답은커녕 직장이 베풀어주는 혜택만큼 직장에 공헌할 수 있는 사람이 과연 몇이나 될까?

우리는 이미 많은 보답을 직장으로부터, 가족으로부터 받고 있는지도 모른다. 다만 그것을 깨닫지 못할 뿐이다. 그러니 마음껏 사랑해도 손해는 없다고 생각한다.

: 양파를 드립니다 :

어느 해인가 전라남도 무안 지역이 주산지인 양파가 홍수 출하로 인해 가격이 폭락하는 사태가 벌어졌다. 본부에서는 일선 영업점에 고객 사은품으로 양파를 구매해 활용하도록 지침을 내렸다.

그런데 양파는 자루로 묶인 농산물인 데다 부피와 무게가 있어 배부에 어려움이 있었다. 냄새는 또 어떠한가? 일일이 찾아다니면서 갖다 주기도 어렵고, 아무리 공짜라지만 와서 가져가라는 것도 예의가 아니다. 한꺼번에 거래처에 갖다 준다고 해도 차 없는 젊은 직원들이라면 기피하는 일도 생길 것이다.

어떻게 하면 양파를 효과적으로 사용해서 농가에도 도움을 주고 고객들에게도 호응을 얻을 수 있을까? 순간 양파를 단순 사은품이 아닌 판촉물로 객장에서 활용하면 좋겠다는 생각을 했다. 배부의 문제도 단번에 해결될 것이다.

"쌀장사를 해보자."

농협의 영업점에는 '신토불이'라고 하는 농산물 창구가 있었다. 금융 거래를 하면서 동시에 필요한 농산물도 구매할 수 있다는 취지로 운영된다. 하지만 취지가 무색할 정도로 장소도 협소하고, 취급 품목도 제한적이어서 하루 취급량이 매우 소규모였다.

주된 취급품목이 쌀과 잡곡인데, 고작 쌀이 하루에 4~5포 정도 배달되는 데 그치고 있었을 뿐이다. 재빨리 쌀 배달 스티커를 주문하고, 쌀을 들고 갈 수 있을 만큼의 소포장이 가능한 농협을 수소문했다. 작은 포장으로 만들면 포장 비용이 많은 것에 비해 매출액은 얼마 되지 않으니 선뜻 응하는 곳이 없었다.

여자들 손에 들려도 무리가 없는 무게를 6kg으로 잡았다. 지점이 위치한 지역의 소득 수준이 높지 않은 편이라 경기미로 하되 여주, 이천을 제외한 지역의 중저가 가격대로 설정했다. 경기도 안성 죽산이라는 곳에서 우리가 원하는 조건에 맞춰줄 수 있다고 했다. 밤샘 작업을 한 끝에 내일 도착하는 양파와 도착 시기를 맞추었다.

나는 마이크를 들고 객장에 나가 쌀장사를 시작했다.

"쌀 한 포를 사시는 고객에게는 밖에 싸놓은 양파를 한 자루씩 드립니다!"

반응은 '초대박'이었다. 작은 쌀 한 포를 사는 고객에게 준비한 스티커를 나눠주면 밖에 나가 스티커를 보여주고 양파를 가져가는 식이었다. 한 사람에게 한 포씩만 팔도록 했다. 그러자 식구들이 몰려오고, 줄은 바깥까지 늘어섰다. 늘어선 줄을 보고 영문도 모른 채 줄을 서는 사람들까지 생겼다.

"무슨 양파예요?"

"예, 무안 양팝니다. 알이 굵고 실합니다."

산지에서는 가격이 폭락하여 아우성인데 소비지에선 양파 가격에 큰 변동이 없었다. 그런데 조그만 쌀 한 포를 사면 거저 준다니까 인기가 그야말로 장난이 아니었다. 사람들의 폭발적인 반응에 힘입어 양파를 큰 트레일러로 한 차 더 주문키로 했다.

사람들은 그렇게 '조그만 쌀 한 포대를 사면 양파를 나눠 주는구나' 라고 생각할 수 있었겠지만 그게 끝이 아니었다. 그게 끝이라면 나는 대단히 싱거운 사람이 된다. 사람들은 그렇게 나눠 준 스티커를 버리지 않고 냉장고 문에 붙여 두었다가, 한 보름쯤 시간이 지나면서 다시 쌀을 주문하기 시작했고 쌀 주문이 밀려오기 시작했다.

하루에 4~5포가 고작이던 주문이 순식간에 20~30포로 늘어났다. 하루 매출이 고작 몇십만 원에 불과했던 실적이 순식간에 2~3백만 원으로 뛰어오른 것이다. 밀려드는 주문으로 이번에는 배달 인력을 구하는 것이 문제가 될 정도였다.

홍수 출하로 산지 가격을 안정시키기 위해 농협에서 양파를 일괄 구매해서 고객에게 사은품으로 제공하는 것을 활용해, 쌀 판매를 획기적으로 늘렸던 것이다. 내 일이 아니라고 시키는 대로 무덤덤하게 양파를 나눠줬어도 전혀 문제될 것이 없었겠지만, 귀한 물건을 귀한 방법으로 활용하겠다는 생각으로 아이디어를 냈던 것이 화제의 성과를 가져왔다.

: 영업일지 :

영업일지를 작성해보면 그것이 우리들의 실행력을 높여주고, 사전준비의 위력을 실감하게 해준다. 이순신 장군에게는 난중일기가 있고 백범에게는 백범일지가 있다. 우리가 그분들과 다른 점은 계획 없이 일한다는 것이다. 닥치는 대로 개념 없이 일하는 사람과 계획을 세우고 일하는 사람 사이에는 분명히 커다란 차이가 있다.

영업일지에는 특별한 양식이 없다. 책상 위에 펴놓고 생각날 때마다 메모하듯 적어보는 것이다. 메모지와 다른 점은 메모지는 한 번 쓰고 버리지만, 영업일지는 버리지 않고 날짜별로 모아두는 것이다.

그러면 생각만 하고 실행에 옮기지 못한 일들을 실행하게 만드는 효과가 나타난다. 스트레스라는 것은 대부분 생각은 하고 있지만 실천하지 못하는 데서 온다. 생각한 대로 실천에 옮기면 일이 고되어도 스트레스가 없다. 건강을 위해서 산에 가야 한다고 생각하면서 실제로는 소파에 누워만 있다면, 그게 바로 스트레스가 되는 것이다.

영업일지를 쓰면서 사전준비를 하면 계획하고 준비된 상태에서 고객을 만나게 된다. 사전에 준비해놓은 상품은 상대방에게 신뢰감을 주고, 행여 지나칠 수 있는 일들을 세심하게 걸러준다. 일지에 계획한 내용으로 피드백이 가능해진다. 그냥 지나친 일, 말로만 약속했던 일을 다시 점검해볼 기회를 준다.

학교 다닐 때 일기 쓰듯 억지로 쓰는 사람도 있었고, 아주 유용하게 쓰는 직원도 있었다. 영업일지는 결재 과정을 통해 많은 정보를 공유하고, 윗사람과 소통하는 기회가 되기도 한다. 내가 하는 일을 자연스럽게 자랑하고 칭찬받을 수 있으며, 책임자의 지원을 이끌어내기도 한다.

무슨 생각으로 무슨 일을 하고 있는지 영업일지를 보면 다 알 수 있다. 인사 때 자신의 공적 사항을 작성해서 들고 다니지 않아도 된다. 일년, 이 년 기록해보면 자신이 얼마나 대단한 사람인지 스스로 알게 될 것이다.

: 적립식펀드 품앗이 :

적립식 펀드가 한창 인기를 끌었던 2005년, 내가 하이닉스 지점에 있을 때의 일이다. 취급 초기, 직원들은 상품에 대한 지식이나 접근이 쉽지 않았다. 그런데도 본부에서는 비이자 수익사업으로 펀드상품의 취급 확대를 위해 강력한 드라이브를 걸고 있었다.

펀드운용 성과를 바탕으로 하는 상품교육이 반복되었지만, 직원들의 추진 실적은 좀처럼 앞으로 나갈 기미를 보이지 않았다. 뭔가 전기가 필요한 시점이었다. 출근 직후 직원들을 불러 놓고, 앞으로 한 달 동안 적립식 펀드를 특별 추진하는 계획을 발표했다. 그런데 추진하는 방식이 좀 독특했다. 바로 품앗이를 하는 것이었다.

　그동안 사업 추진을 하면서 이러한 방식은 단 한 차례 들어본 적도 봐본 적도 없었다. 매일 한 사람씩 당번을 정하고, 나머지 사람들은 그날그날 당번을 위하여 창구에서 적립식 펀드를 추진한다. 당번은 마감 시간에 집계를 해서, 1일 목표 10개가 미달하는 경우에만 부족한 부분을 책임지고 채우는 것이다.

　첫날 당번은 나였다. 마감시간에 살펴보니 겨우 2좌가 추진되었다. 8개가 부족했다. 부족분을 채우느라 여기저기 뛰어다니면서 가까스로 지표를 채웠다. 그런 내 모습을 보고 직원들이 엄청 미안해했다.

　이튿날 당번은 차장이었다. 전날 내 모습을 보고 교훈을 얻었던지, 만일의 경우를 대비해 만반의 준비를 해둔 상태였다. 그런데 마감시간에 환호성이 터졌다. 10개를 전부 창구에서 추진한 것이다. 차장이 싱글벙글하면서 밖으로 나가 수박을 사 들고 왔다. 차장이 그렇게 좋아하는 모습을 본 적이 없었다.

　직원들은 내 얼굴을 쳐다봤다. 어제의 일을 생각하면 기분이 씁쓸했지만, 창구에서 성공할 수 있다는 조짐이 보이는 것만으로도 만족스러웠다. 다음 날 그 다음 날, 시간이 갈수록 창구에서 추진하는 양이 점점 늘어났다. 성공적이다. 직원들은 스스로 매일 신기록에 도전했다. 한 달 뒤 우리는 전국에서 1등을 차지했다.

　많이 하면 상을 주겠다고 하지는 않았지만, 제일 많이 추진한 직원에게는 뮤지컬티켓 두 장을 선물했다. 구경 갈 때 입을 옷을 새로 사느라 더 큰 비용이 들었다고 했다. 배보다 배꼽이 더 커졌지만 직원들은 좋아했다. 각자 자기 것을 할 때보다 색다른 재미와 보람을 얻게 되었고,

잘 못하는 직원들도 같이 어우러져 추진할 수 있었던 기분 좋은 기억을 간직하게 되었다.

경쟁만이 우리의 성과를 해결할 수 있는 유일한 도구라는 인식에서도 벗어날 수 있었다. '품앗이'는 어려운 일을 함께 풀어나가는 우리 조상들의 지혜가 담긴 풍습이며, 오늘날 협동조합의 기본정신과도 같다.

: 농협에서 전부 맡아주시죠 :

"회사 내 매점 운영을 농협에서 전부 맡아주시죠."

하루는 하이닉스 회사의 총무담당 부장이 찾아왔다. 자초지종은 이러했다. 회사 직원들이 사내 오피스를 통해 사장님에게 '회사 내 매점의 물건 가격이 농협매장과 많이 차이가 난다'는 항의를 했다는 것이다. 이에 직접 원인 파악을 해서 대책을 보고하라는 사장님의 지시가 떨어졌다고 했다.

그래서 지난 며칠 동안 품목마다 농협의 구매 가격과 판매 가격을 조사했고, 회사 내 매점의 품목도 같은 방식으로 조사했다. 그 결과 농협이 이렇게 양심적인 기관인 줄 미처 몰랐다는 것이다. 그래서 회사 내에 있는 매장 전체를 농협에 위탁 관리하는 것을 검토하려고 하니 농협의 의견을 달라는 것이었다.

부임 이후 매점의 취급 품목과 가격을 점검하면서, 취급 품목의 판매 가격을 전부 5~10%의 가이드라인을 설정하고, 그 이상 받지 못하도록 지시한 일이 있었다. 나는 단지 농협이 이런 일을 하는 것에 대한 취지를 살리고, 조금이라도 싼 가격으로 직원들이 이용할 수 있게 하려고 결정한 일이었는데, 일이 이렇게 커질 줄 몰랐다.

본부와 협의한 끝에, 우리가 전부 맡아서 운영하는 데는 야간운영 등 여러 가지 문제가 있어 더 이상 진척은 되지 않았다. 하지만 회사에서 우리 농협을 그토록 신뢰해주고 있다는 사실에 무척 고무되었다.

: 가는 곳마다 다르다 :

사무실 환경과 여건은 가는 곳마다 다르다. 그런 때문인지 가는 곳마다 내가 사용한 전략은 매번 달랐다. 한 번 사용한 방법이 다른 곳에서 똑같이 사용된 예가 거의 없었던 것 같다. 일부러 작전을 다르게 한 것도 아닌데 매번 다른 방식을 사용했다. '칭기스칸'도 전쟁터마다 다른 전략을 사용했다는 말을 듣고 고개를 끄덕이게 되었다. 왜 그럴까?

사무실 위치에 따라 주변 고객의 소득 수준과 성향이 다르고, 직원들의 사고방식이나 분위기도 제각각 달랐다. 자연히 일을 추진하는 방식 또한 다르기 마련이다. 가는 곳마다 다르니 주의 깊게 관찰해서 현장에 맞는 전략을 수립해야 했다. 사은품을 정할 때도 마찬가지였다.

"저쪽에선 잘 됐는데, 참 이상하다."

고개를 가로젓게 된다면, 그것은 똑같은 방법으로 어디서나 통하지 않는다는 것을 깨닫지 못한 결과라고 볼 수 있다.

경기도 성남에는 직원들이 구시가지와 신시가지를 오가는데, 객장 분위기는 양쪽이 완연히 달랐다. 한 가지 예를 들면, 구시가지에서는 객장에 떡이나 음료 등 간식을 놓는 순간 할머님들이 모여들고, 심지어는 싸가려는 분들도 있었다. 반면에 신시가지에서는 음식을 놔둬도 쳐다보는 사람이 없었다. 오히려 비위생적이라고 지적하는 분들도 있었다. 사은품을 정할 때도 이런 점들을 고려하지 않으면 안 된다.

경기도 여주와 이천도 인근 지역이지만 직원들의 성향이 눈에 띄게 달랐다. 교통이 발달하고 외부인과 접촉이 활발한 지역 출신 직원들은 비교적 공격적이고 적극적인 성향을 보였고, 반면에 그렇지 않은 쪽 출신 직원들은 비교적 얌전하고 점잖은 모습을 나타냈다.

이런 지리적, 환경적 요인과 소득 수준의 차이가 고객은 물론 직원들의 성향에도 영향을 미치므로 그 차이를 잘 살펴서 계획을 세워야 실패하지 않는다. 공장 지역, 주거 지역, 상업 지역의 업무 환경이 제각각 다른 것은 말할 필요도 없다.

: 10번의 성공, 100번의 실패 :

성남에 있을 때, 당시 시장이 직접 나서 '농협의 중소기업체 지원 노력'을 평가하는 일이 생겼다. 농협은 금고은행으로서 시정 방침에 적극 협조해야 하는 '지역 금융기관'이다. 농협의 특성상 기업체 지원 분야가 상대적으로 타 은행보다 취약할 수밖에 없었다. 이 부분을 지적한 것이다. 지금은 사정이 많이 달라지긴 했어도 농협에서 농업 이외의 분야에 자금지원은 우선순위가 아니기 때문이다.

도시화, 공업화가 급속히 진행되는 수도권에서 농협의 기능과 역할에 대한 새로운 요구가 나타난 것이다. 지방자치단체에서조차 금고은행의 존립 이유를 기업체 지원에 둘 만큼 기업체의 비중과 위상이 커졌다.

나는 여신을 담당하는 차장이었고 밑에는 담당과장이 있었지만, 혼자서는 좀처럼 엄두가 나지 않는 일이라서 매일 우리 두 사람이 공장을 찾아다니기로 했다. 주로 성남 구시가지에 있는 상대원 2, 3공단과 분당에 있는 아파트형 공장을 누비고 다녔다.

사전 약속도 없이, 눈에 보이는 대로 공장과 회사를 무조건 찾아다녔다. 2~3달 동안 매일같이 돌아다녀, 무려 500개 가까운 회사를 방문할 수 있었다. 사실 지점장이나 차장으로 근무하는 동안 모르는 회사를 500개나 찾아가는 사람은 드물 것이다. 사명감을 갖고 두 사람이 서로 의지하면서 다니다 보니 가능했던 일이다.

그렇게 방문해서 실적으로 연결된 업체는 불과 수십 군데에 불과했다. 수백 군데는 실패한 것이다. 그런데도 무안하거나 허탈한 생각이 들지 않았다. 그것은 나의 실적을 위해서 움직인 것이 아니라, 몸담은 조직과 기업체를 위해서 찾아다녔기 때문일 것이다.

나는 현장을 찾아다니면서, 현장을 보는 눈을 가지게 되었다. 후배직원에게도 많은 것을 배웠다. 그동안 얻은 성과 못지않게 나에게 중요한 자산이 되었다. 나의 입장에서는 기업체 거래를 보는 식견을 많이 갖추게 된 것이다. 언제나 문제는 현장에 있었고, 답도 현장에 있었다. 무엇보다 책에 없는 식견을 통해 기업체에 대한 자신감을 얻은 것이 큰 자산이 되었다.

10번의 성공 뒤에는 100번의 실패가 있다. 그것은 실패가 아니라 '시도'다. 시도가 매번 성공하지 못하는 것은 당연한 것이다. 단 한 번의 시도로 성공한다면, 오히려 그것이 이상한 일이다.

: 이동식 빠른 창구 :

창구가 밀릴 때는 고객도 직원들도 모두 힘들다. 직원들은 '하필이면 바쁜 날 고객들은 왜 한꺼번에 몰려오는 거야?'라고 생각할 테고, 고객들은 '바쁜데 직원들이 왜 이렇게 부족한 거야?'라고 생각할 것이다.

내가 성남에서 차장으로 근무할 때만 해도 인구 밀도가 높고, 지금처럼 자동화 기계 이용이 많지 않던 때라 창구가 심하게 붐비는 일이 다반사였다. 그러다 보니 자연 고객이 아니라 '분노의 한 무리'가 우리를 기다리는 것 같았다. 하지만 바쁘다고, 또는 한가하다고 직원이 늘었다 줄었다 하지도 않는다.

이 문제를 해결하기 위하여 시작한 것이 '이동식 빠른 창구'다. 그 당시 차장은 솔직히 별로 하는 일(?)이 없었는데, 새로운 일거리 하나를 만든 것이다.

가만히 창구를 관찰해보면, 오는 손님 수가 많아져서 생기는 일이라기보다 우리의 일정한 처리방식에 더 문제가 있어 보였다. 번호표 호출 시 고객들의 반응과 이동속도에 문제가 있다는 것을 알게 되었다.

특히 나이 든 고객들이 창구에 많기 때문에 처리 시간보다 반응 시간이 긴 것이 문제가 되었다. 창구에 나가서 단순한 업무를 처리할 고객들을 한 줄로 세우고, 직원 한 명을 그 업무만 집중적으로 처리하도록 만들었다.

그러자 엄청난 속도가 붙어 대기 고객 수를 빠르게 조절할 수 있었다. 나 한 명과 직원 한 명의 수고로 창구 적체를 단번에 해소했다. 대기고객 수가 많으면 고객들은 더욱 짜증스러워하고 직원들은 더더욱 불안해한다. 차분히 추진해야 하는 일조차 하지 못한다.

툭하면 점심 교대를 못 하는 직원들, 화장실에도 제대로 못 가던 직원들에게 나의 '이동식 빠른 창구'가 큰 호평을 받았다. 창구가 밀리기라도 하면 심지어 고객들까지 나에게 이동식 창구운영을 부탁하는 일이 생겼다. 처음에는 왜 번호표대로 하지 않느냐고 항의하셨던 분들이다.

: 사방에 군부대밖에 없어요 :

농협에 들어오고 처음으로 승진한 뒤 책임자로 발령받은 곳이 경기도 연천이었다. 신규직원 때는 강원도 정선으로 갔었다. 그때는 몰랐지만 내가 갔던 곳은 늘 '오지'였다. 연천은 경기도의 정선 같은 곳이다. 왜 오지만 찾아다녔는지는 자세히 알 수 없지만, 사람들이 생각하는 것처럼 억울하거나 손해 보는 일이라고 생각하지 않았다. 오히려 재미있고 보람 있는 일들이 많았다.

처음으로 책임자가 되었으니 뭔가 의미 있는 일을 개척해봐야 할 텐데, 사방이 비포장도로인 데다 군부대만 드문드문 보일 뿐이었다. 사무실에도 군부대 경리병들이 드나들기는 하였지만, 의사결정권이 있는 간부들은 좀처럼 만날 수가 없었다.

하는 수 없이 군부대를 찾아가 보기로 했다. 비포장 길에 가는 길도 어려웠고, 위병소를 통과하는 일도 여간 번거롭지 않았다. 주위 직원들도 시큰둥해했고, 과거에도 그런 전례가 없었다고 한다. 더구나 당시만 해도 군농협의 과장이라고 하면 지역의 유지나 다름없었으므로 체면에 어울리는 일이 아니라고 여기는 분위기였다.

혼자서 다니려니 심심하기도 하고, 오래 지속할 수 없을 거라는 생각이 들었다. 하는 수 없이 여직원을 한 명씩 동행하기로 했다. 제과점에 주문해놓은 '케이크'를 들고 주로 택시를 이용해 군부대를 하나씩 찾아다니기 시작했다. 그 시절만 해도 군인들이 사제품을 접할 기회가 부족한 데다가, 어차피 인원수에 맞추기는 어려운 일이니 알아서 나눠 먹기에 케이크가 적당하다고 생각했다.

누가 시킨 일도 아니었고 귀찮아지면 포기할까 봐, 아예 케이크를 10개씩 주문해놓았다. 케이크 때문에라도 매일 한군데씩 다녀오도록 자신을 묶어놓은 것이다. 동행해준 여직원 덕분에 덜 심심했고, 군부대 출입 시간도 단축되었다.

"충성! 정문입니다. 경리장교님, 농협에서 어떤 분이 찾아오셨습니다. 여자분하고요!"

"빨리 들여보내!"

여직원하고 부대 안을 함께 걸어가다 보면, 관심 있게 쳐다보는 사병들이 제법 많았다. 우리 직원도 사병들의 시선을 은근히 즐기는 듯 보였다.

"그동안 어떤 은행에서도 부대 안으로 들어오신 분은 없었습니다."

"여기까지 오기가 쉽지는 않았습니다."

"아마 군부대를 드나든 최초의 금융기관 직원으로 기록될 것입니다."

경리장교, 선임하사 등 찾아가서 인사를 나눴던 분들이 하나둘 사무실로 찾아오기 시작했다. 그분들이 스스로 찾아오니 더 이상 내가 갈 필요가 없어졌다. 가기 쉬운 곳은 열 번 스무 번을 가도 안 되는데, 가기 힘든 곳을 가니 한 번으로 해결되었다. 단체저축, 직업군인들의 카드 등이 주요 추진 대상이었다. 군부대도 추진 자원이다.

Chapter 3

재미가
감동을
만날때

•

출근이 기다려지는 직장

이기면 재미있다

•

출근이
기다려지는 직장

"농협에 오기 전 다른 은행에서 일할 땐 내가 무엇을 잘하는지, 어떤 장점이 있는지도 몰랐어요. 그땐 사회생활이라는 것이 다 이런 건가 보다 하고 하루하루를 버텼어요. 그런데 우리 농협에 오고 우리 지점에서 일하면서는 매일 출근하는 게 재미있고, 무엇보다 자신감이 정말 크게 늘었어요."

안양을 떠나고 난 뒤에 직원들이 보내준 손편지 내용 중 유독 눈길을 끄는 것이 '매일 매일 출근하는 것이 재미있고 즐거웠다'는 내용이었다. 또 직장인들이 모두 싫어한다는 일요일 저녁에도 내일 아침 사무실에 출근하는 일이 설렌다는 말도 있었다.

"오늘은 일요일 저녁, 바로 직장인들이 다 싫어한다는 시간이에요. 그런데 저는 이 시간이 오히려 설레고 기대되는 시간이었어요. 저의 첫 직장생활 2년 동안 지점장님께 받은 사랑과 격려로 너무 행복한 시간을 보낼 수 있었습니다."

우리 팀장도 설레는 맘으로 지내왔다는 것을 편지에 적었다.

"말씀처럼 모든 일은 관심을 먹고 자라나 봅니다. 그런 관심과 애정 때문에 믿음이라는 것이 생기기 시작했습니다. 그렇게 지난 2년을 안양 1번가 지점에서 설레는 맘으로 지내왔고, 그 시간 속에 항상 지점장님이 계셨습니다."

많은 사람이 직장은 마지못해, 하는 수 없이 다니는 곳쯤으로 여기기도 한다. 언제나 맞닥뜨리게 되는 실적과 주위 사람들과 겪는 갈등 속에서 재미있고 보람된 일이란 직장 일을 마치고 나서야 가능한 것이라고 믿는다. 하지만 나는 일을 하는 동안, 일을 통해서 찾아보려고 노력했다.

직장은 으레 그러하듯 스트레스받고 힘겹게 일하는 곳이 아니다. 뭔가 실적을 내려면 인상 쓰고 힘들어야 된다고 생각하는 사람들도 있지만, 마음먹기에 따라서는 재미있고 즐겁게 자신의 기량을 펼치고 존중받는 곳으로 만들 수도 있다. 나는 그런 꿈같은 일을 실현해서 '설레는 사무실', '출근이 기다려지는 직장'을 만들어보고 싶었다.

: 카페 같은 사무실 :

옛날 경기도 광주시청 청사는 일제강점기에 지어진 오래된 건물이었다. 그 안에 있었던 농협 출장소 역시 비좁고 환경이 열악하기 짝이 없었다. 신청사를 새로 짓는다는 계획 때문에 차일피일 환경개선을 미뤄온 탓이다. 그러는 사이 누구랄 것 없이 서로 근무를 회피하는 사무실이 되고 말았다. 신청사를 짓기까지 적어도 5년 이상 소요된다는 사실을 확인하고 즉시 사무실 환경개선 작업에 착수했다.

무엇보다 여직원 탈의실이 문제였다. 어느 날 속상한 일이 생긴 여직원이 주차장 한 귀퉁이에 서서 울고 있는 모습을 보게 되었다. 갈 곳이 마땅치 않았던 것이다. 여직원들은 탈의실이 곧 휴게실인데 우리 사무실에 공간이 없으니 시청 여직원 탈의실을 빌려 쓰고 있는 형편이었다. 자유로운 이용도 불가능했고, 청소를 게을리하면 불려가서 혼나는 일도 있었다고 했다.

장소가 협소했던 차에 사무실 옆에 붙어있는 시청 여직원 탈의실까지 우리가 사용할 계획을 세웠다. 사람들은 어림없을 거라고 했다.

"시장님! 최신형 OCR 판독기공과금 집계와 분류기계를 우리 시청에 갖다 놓으려고 하는데 장소가 부족합니다."

"장소가?"

"옆에 있는 여직원 탈의실 공간 정도는 더 필요합니다."

시장님을 설득해 농협의 환경개선안을 만들고 시장님 사인을 받았다. 그 안을 토대로 본부에 공사지원과 기계도입을 요청했다.

출장소 규모로는 전례가 없다는 예산을 배정받아 공사를 시작했다. 낡은 건물이라 안전 보강공사를 병행해야 했다. 사무실 내부에 자리를 차지하던 CD기는 벽을 뚫어 밖에서 이용할 수 있도록 만들었다. 약속대로 새로운 기계를 들여오고 여직원들의 숙원이던 탈의실도 조그맣게 만들어놓았다. 소음과 먼지가 발생하는 공과금 분류 작업실도 따로 만들고, 다 쓰러져가는 건물이라고 수년 째 방치해 두었던 사무실을 예쁘게 바꾸어놓았다.

기사님들이 모여 담배를 피우던 복도를 깨끗이 치운 뒤 새로 도색을 하고 환하게 조명도 달았다. 어두컴컴했던 그곳에 CD기 이용 공간을 만들었다. 실내에서는 항상 클래식 음악이 흐르도록 오디오를 구매해 설치했다. '카페 같은 창구'를 만들었던 것이다.

"우와! 농협을 이렇게 해놓으니까 시청이 다 훤해지네. 소장님, 멋있어요."

"감사합니다."

모든 사람의 상상을 깬 사무실 환경개선 사례는 시청공무원은 물론 출입기자들의 농협에 대한 인식을 바꿔놓을 만큼 획기적이었다. 그 이후 출장소에 근무하는 직원들의 근무기피 현상이 줄고 건강하고 유능한 직원들이 많이 오게 되어 출장소가 전보다 훨씬 활기차졌다.

지금은 새 청사를 지어 이사하고 예전의 모습은 볼 수 없게 되었지만, 가끔 그 옆을 지날 때마다 옛날 생각이 나서 감회가 새롭다.

: 아빠 같은 지점장 :

직원들이 보내준 편지 속에서 '지점장님은 아빠 같다.'는 말을 종종 보게 된다.

왜 그럴까? 그동안 직원들하고 겪었던 나의 행동을 돌이켜 보면, 권위적이지 않은 생활태도 때문이었던 것 같다. 좋게 말하면 친근함이고, 안 좋게 말하면 가벼움이라고 할 수 있다.

특히 요즘 젊은 친구들이 기성세대에게 원하는 게 바로 '반권위주의' 아니던가. 나에게 있어서 그러한 부분은 선택의 문제가 아니라 취향이었던 것 같다. 다만 그러한 취향이 요즈음 젊은 사람들과 소통하는 데 장점으로 부각된 것이라고 볼 수 있다.

"코에 붙은 점 빼야지."

"이거 복점인데요."

"의사한테 물어봤는데, 곰팡이래."

"아니에요."

스스럼없이 건네는 농담마저 좋게 봐주었던 것 같다. 만약 맘에 안 드는 사이라면 "흥! 자기가 뭔데, 빼라 마라 해!" 했을 것이다. 그만큼 친근함을 느끼고 격의 없이 대할 수 있었다는 것이다. 사소한 일상을 가지고 '농담을 주고받을 수 있는 사이가 건강한 관계'라고 나는 생각한다.

가끔은, 나이 어린 직원들에게 격의 없이 농담하거나 장난을 쳤던 일들이 어떻게 비춰졌을까 걱정하기도 했는데, 오히려 좋은 평가를 받게 되니 나로서는 다행한 일이다.

젊은 시절 내가 초임 과장이었을 때, 책임자라는 사람이 그렇게 체통 없이 굴어서 직원들이 어떻게 보겠느냐고 아내로부터 종종 핀잔을 듣곤 했지만, 잘 고쳐지지 않았다. 권위가 옳지 않아서가 아니라, 싫기 때문이었다. 여전히 나에게 있어 좋은 사이란 '장난을 걸 수 있는 사이'인 것이다.

아빠같이 따뜻하고 편안한 느낌이라는 것도 그런 친근함이 밑에 깔려 있어야 가능한 일이라고 생각한다. 받아줄 것이라는 믿음이 있어야 어리광도 부리고 투정도 부릴 수 있는 것이다.

: 내부 수리 중 :

회사직원들이 이용하는 생필품 매장을 농협에서 운영하고 있었다. 원래 농산물 매장이지만 회사 내 특성상 농산물보다는 생필품을 많이 취급하고 있었다. 사무실과 조금 떨어진 곳에 매장이 있고, 2명의 판매직원이 상주하고 있었다.

지점의 사업실적이 좋아지니, 모든 직원이 해외연수를 다녀오게 되었다. 그러나 매장에서 일하는 직원들에게는 업무와 관련해서 그런 기회가 없었다. 나는 이 점이 미안했다. 판매장에 근무하는 2명의 직원에게도 해외연수 기회를 만들어주기로 했다. 자체비용으로 해외여행상품 티켓을 구매했다.

한 명씩 교대로 보내려니 마음에 걸리는 일이 있었다. 다른 직원들은 해외연수를 갈 때 비록 다른 사무소 직원이기는 해도 동료직원들이 있어서 금세 친해질 수 있었고, 공통의 화제가 있어 덜 심심했다. 하지만 이번에 가는 것은 비공식이라 다른 직원 아무도 없이 혼자 가야 하는 것이다.

자칫하면 위로여행이 아니라 심심하기 짝이 없는 고문여행이 될 수도 있겠다는 생각이 들었다. 또 하나는, 두 명을 교대로 보내면 혼자 근무하는 일이 난감했다. 기왕 보내는 거 기분 좋게 다녀와서 성심껏 일해주는 것이 좋겠다고 생각했다. 방법은 단 한 가지였다.

"일주일 동안 문 닫고 둘이 같이 갔다 와."

"그럼 매장은 어떻게 하죠?"

"밖에다 '내부 수리 중'이라고 써 붙이고."

"진짜요?"

반신반의 하던 직원들은 나의 엉뚱한 배려에 엄청 즐거워했다. 두 사람은 각각 한 명의 자녀를 대동하고 상상도 할 수 없었던 꿈같은 여행을 떠나게 되었다.

"지점장님 덕분에 잘 다녀왔습니다."

"오! 그래. 수고했어."

"저희는 괜히 농담으로 그러시는 줄 알았어요."

두 사람은 비정규직으로 여러 가지 혜택에서 소외감을 느끼기 쉬운 직원들이었다. 자칫 만용으로 비춰질 수도 있었겠지만, 과감한 결정이 흐뭇한 결과로 돌아왔다.

: 안 파는 것이 아니라 못 파는 것이다 :

상품을 팔 때, 상품에 대한 지식을 충분히 가지고 있다면 그것만큼 좋은 무기는 없다. 고객이 궁금해하는 내용을 충분히 설명하거나, 다른 상품과의 적절한 비교가 가능하다면 성공의 고지에 바짝 다가선 것이다. 사고 싶은 마음이 들 만큼 충분한 지식이 있다는 것은 판매인에 대한 신뢰를 그만큼 높일 수 있기 때문이다.

"고객이 물어봐야 팔 수 있다."는 말이 있다. 묻지 않는 고객에게 궁금증을 유발시켜 물어보게 해야 한다는 말이다. 그러나 지식이 충분치 않다면 물어오는 것이 오히려 두려울 것이다.

"고객님, 이거 보셨나요?"

"새로 나온 건가요?"

"나온 지는 한참 됐는데, 잘 알려지지 않았습니다. 제가 간단히 설명해 드릴까요?"

이렇게 대화를 질문형으로 이끌게 되면, 상품에 대한 설명도 자연스럽게 가능해지고 판매도 이루어질 수 있다. 궁금증을 유발시켜 고객이 물어보게 함으로써 상품의 정보와 판매자의 신뢰를 상대방의 마음 깊숙이 침투시킬 수 있는 것이다.

반대로,

"저기 비과세 상품은 새로 나온 것인가요?"

"아, 원래 있던 겁니다."

이렇게 말하면, 대화는 종결되고 마케팅은 사라지게 된다. 이런 대화가 진행되는 이유는 부족한 지식 때문이다. 나에게 더 이상 물어볼까 봐 겁이 나는 사람이라면, 질문을 유도하는 것이 아니라 질문을 봉쇄하려 들 것이다. 애써 바쁜 척한다든지, "그거 오늘 꼭 하셔야 돼요?" 이렇게 말하는 것이다.

또한 고객이 관심도 두지 않는 상품에 대해 정보를 쏟아붓는 것은 쓰레기를 버리는 일과 같다. 고객이 관심의 문을 열 때, 흥미를 느낄 때 적절한 정보를 주는 것은 식물에 물을 주고, 동물에게 먹이를 주는 것과 같은 행동이다.

지식을 습득하는 방법으로 교육을 떠올리는 사람이 많겠지만, 일을 직접 해보는 것보다 효과적인 것은 없다고 본다. 일을 모르니 맡기지 않고, 일을 맡기지 않으니 일을 모르는 것이다. 닭이 먼저냐 달걀이 먼저냐, 아무리 논해봐야 소용이 없다. 사람을 가르치고 일을 배우게 한다는 마음으로 업무를 맡기는 것이 필요하다. 안 파는 것이 아니라 못 팔고 있는 것이다.

: 동기부여 :

일을 하는 이유가 무조건 조직의 목표 달성에만 있지는 않다. 개인의 목표도 있고, 또 고객의 목표도 있다. 각각의 목표를 슬기롭게 조화시켜야 하는데, 그것까지 생각하는 사람은 아무도 없다.

직원 각자의 능력을 면밀히 파악하고, 능력에 따라 성취감을 맛볼 수 있도록 도와주는 일이 '동기부여'라고 할 수 있다. 그러다 보니 일과 상품의 특성을 어느 정도 꿰고 있어야 그것이 가능하다는 결론에 이른다. 어떻게 해야 하는지도 모르는 일을 가지고, 보상을 약속하거나 으름장을 놓아서는 동기부여가 되지 않는다.

"지점장님을 만나고 나서 어떻게 하면 잘할 수 있는지, 무엇이 잘하는 것인지를 알게 되었어요."

목표를 나눠주고 경쟁을 시키고 칭찬을 하고 시상을 하는 것만으로는 부족하다. 그보다 목표를 찾아가는 데 무엇이 부족한지를 알고 도와주는 것이 필요하다.

수학이라면 어느 부분에서 막히는지를 알아야 가르칠 수 있듯이, 직원이 어느 부분에서 힘들어하며 무엇이 문제인지를 알아야 도와줄 수 있다. 그래서 직원 각자의 수준과 능력을 면밀히 체크하는 일이 무엇보다 중요하다.

상품을 팔기 전에 스토리텔링이 필요하다. 직원들에게는 상품을 꾸준히 압축하고 요약해주어 짧은 시간에 고객의 관심을 끌어낼 수 있는 대화가 가능하도록 도와주는 것이 좋다.

'동기부여'라는 것이 과제와 임무를 일방적으로 던져주는 것이 아니라, 길을 알려주고 스스로 원하는 것을 선택하도록 도와주는 것에 가깝다. 그러면 구성원들의 성취욕이 달라질 것이다. 누구나 자신이 선택한 것에 대해서는 책임지려고 하는 경향이 강하기 때문이다.

: 카드를 어떻게 :

연초부터 카드를 추진하는 일이 간단치 않았다. 매년 겪는 일이지만 이제는 정말 자원이 없다. 직원들을 들볶는 일도 낯이 없다. 오는 고객도 많지 않고, 사람마다 지갑 속에 카드가 몇 장씩 있는데 거기다 또 무슨 카드를 만들 수 있겠는가. 그런데도 창구에서 직원들이 추진하는 방법 외에는 달리 어쩔 도리가 없었다.

연초 두 달을 지켜보니, 한 달에 50개 정도 추진이 되었다. 그것도 아주 나쁜 성적은 아니었지만, 이렇게 가면 연말에 연간 500~600개 정도 간신히 추진될 것이 뻔하다. 월 100개 정도씩 진도를 맞춰가야 연간 지표 달성이 가능했다.

이 문제를 직원들과 함께 공유하고 대책을 만들어보기로 작정했다. 우선 매일 매일 1일 추진물량을 팀별로 자율 책정하고 매일 점검키로 했다. 점검은 팀별로 목표달성이 안 되었을 땐 팀장이 만 원의 벌금을 내는 것이다. 물론 달성이 되었을 땐 지점장이 벌금을 내는 것으로 했다. 대체로 이 방법을 직원들은 찬성한다. 이겨도 져도 벌금은 다른 사람 몫이다.

자율목표인데도 직원들은 목표를 보잘것없이 정하지 않는다. 팀별로 분임 토의를 거친 후 추진 방법을 발표토록 했다. 체면과 경쟁, 단체 추진이라는 점이 작용해서인지, 버겁지만 합리적인 목표를 설정했다. 오히려 내가 조금 더 줄일 것을 요구해도 막무가내다. 웃음이 났다.

"먼저 여신 팀!"

"예, 저희는 하루에 3개씩 추진키로 했습니다."

"많은데, 조금 줄이지? 꼭 할 수 있는 물량으로."

"아닙니다! 할 수 있습니다."

그렇게 상담창구에서는 2개, 빠른 창구에서도 2개를 추진한다고 했다. 합해서 하루에 7개다.

과연 목표대로 할 수 있을까? 팀장이 벌금을 내는 날에는 직원들은 초상집 분위기이고, 지점장이 벌금을 내는 날에는 잔칫집 분위기였다. 그렇게 한 달이 지나자, 150개를 창구에서 추진했다. 지난 두 달 평균보다 3배를 추진한 것이다. 직원들이 맘만 먹으면 대단한 성과를 올릴 수 있다는 것을 다시금 확인할 수 있었다.

두 달 만에 300개를 추진하여 월 100개의 페이스를 맞추었다. 보통

직원들의 집중력은 두 달이 한계다. 아무리 효과가 좋더라도 무리하면 뒤탈이 나게 되어 있다. 나 스스로 직원들에게 페이스를 낮추도록 했다. 직원들의 자존심을 지켜주는 것이 필요했던 것이다. 무너지는 모습을 보는 것은 직원들에 대한 예의가 아니다.

이후로도 직원들은 월 100개 정도의 진도를 유지해 그해 카드 목표를 무난히 달성했다.

: 금액은 운이요, 건수는 실력이다 :

방카 사업을 새롭게 시작하면서 사업평가가 방카 실적에 따라 좌우되는 경향이 더욱 심화되었다. 그 덕에 방카를 잘하는 직원들의 몸값이 치솟았다. 규모가 크든 작든 한 사무실에 판매인을 두 명밖에 둘 수 없었고, 소소하게 여러 건 해봐야 큰 거 한 방만 못하였으니 당연한 현상이었다.

안양에 있을 때 우리 지점에는 고액 자산가가 별로 많지 않았다. 거기다 나는 1인 의존적인 사업추진보다 직원들의 폭넓은 참여를 키우는 데 더 많은 관심이 있었다. 당장 실적이 급하기는 하지만, 조금 멀리 보면 미래의 실력을 키워가는 것이 중요하다고 생각하기 때문이다.

그래서 나는 "금액은 운이요, 건수는 실력이다."라는 말을 자주 했다. 그 결과 연간 400건 가까운 방카를 체결하여, 전국 최다 건수를 추진하게 되었다. 보험회사에서 오는 방카 매니저들조차 '그 정도면 농협뿐 아니라 전 은행을 통틀어서도 최고의 성적'이라고 했다.

실력을 키우는 유일한 방법은 많은 사람에게 여러 차례 시도해보는 것이다. 커다란 금액을 만나는 것은 운이 따라야 하지만, 여러 번의 시도와 체결은 결코 운으로 되는 것이 아니다. 많은 건수야말로 실력을 의미하는 것이다.

실력을 키워야 지속적인 성장을 만들어낼 수 있다. 당장의 실적 때문에 새로운 인력을 키우지 못하는 현상은 매우 안타까운 일이다. 안양 1번가 지점의 3연패는 그런 평소의 생각과 무관하지 않다.

사무실 내에 경쟁자가 없는 팀장에게는 다른 유력 사무소와 비교해보도록 동기를 만들어주었다. '방카데이'에는 정선 옥수수, 영양고추 등 지방의 유명 농·특산물을 활용해서 농협의 특색사업과 일치시키고, 방카 매니저의 방을 창구 가까이에 만들어 창구와의 동선을 유기적으로 연결하도록 했다.

영업점 방카 추진의 요체를 물어오는 팀장에게 '3T'를 설명했다. 물론 내가 지어낸 말이라서 궁색하기는 하다.

1. Talk   2. Toss   3. Terminal

〈Talk〉 우선 창구에서 직원들은 마구 떠들어야 한다. 매니저 혼자 가능성 있는 고객을 찾아내는 것은 불가능하다. 매니저는 주로 우수고객만을 상대하므로 다양한 고객을 발굴하는 기회가 제한적이다. 창구의 다양한 접점을 최대한 활용해야 한다.

〈Toss〉 직원들이 절세, 연금 상품에 대해서 열심히 이야기하고, 관심을 보이는 고객은 즉시 매니저에게 안내해, 흐름이 깨지지 않는 상태에서 추가적인 상담이 가능하도록 도와줘야 한다. 접점에서 전문가에게 인계되는 과정, 그걸 토스라고 부른다. 토스가 패스와 다른 점은 결정적인 찬스를 만들어주느냐, 아니면 그냥 옆으로 돌리는 것이냐의 차이다.

〈Terminal〉 마지막으로 매니저가 상담할 수 있는 창구 근처에 상담공간이 있어야 한다. 이것을 터미널이라고 부른다. 인생의 노후설계에 따른 전문적인 상담이 마무리되는 아늑한 공간이다. 상품 선택의 종착역이면서 연금이 시작되는 출발점이기도 하다.

비이자 수익 사업으로 추진하는 펀드와 함께 최고 난이도가 있는 마케팅 분야가 방카 사업이다. 창구의 많은 직원이 관심을 가지고 공부해야 하는 사업이다. 그렇게 하지 않으면 실적에 쫓기고 불완전 판매에 시달리며, 리스크 때문에 고통받게 된다.

이기면
재미있다

무슨 게임이든 이겨야 재미있다. 이기지 못하고 매번 지는데 재미를 느끼는 사람은 없다. 아슬아슬하게 이기면 더욱 재미있다. 스스로 노력해서 이기면 더 말할 나위 없이 좋다. 아예 승부에 상관없는 일이 더러 있기는 하지만, 이기고 지는 일이 있다면 이겨야 기분이 좋고 재미가 있는 것이다.

승부에만 너무 집착하면 옆에서 미움을 사기도 한다. 맨날 이기기만 해도 반대의 입장에서 보면 꼴 보기 싫은 일이고 스스로도 부담이 커진다. 하지만 우리가 모든 일에서 흥미를 잃지 않고 지탱해가는 힘은 역시 재미에서 나온다. 그 재미는 아는 것과 이기는 것으로부터 나온다.

개인의 성향에 따라 다소 차이는 있겠지만, 일단 이기면 재미있다. 가끔 지더라도 이겼을 때 느끼는 희열이 있어야 재미가 있다. 오기로 버티는 것이 아닌 다음에야, 지면서도 계속하고 싶은 일은 없을 것이다. 억지로 열심히 하는 것이 아니라, 재미있게 해서 잘할 수 있다면 그보다 더 좋은 일이 어디 있겠는가. 어떤 때는 직원들이 너무 승부에 집착하는 것 같아 안쓰러울 때도 있었다.

"너무 승부에 집착하지 마라."

"또 이기실 거잖아요?"

직원들은 이미 나의 속마음을 알고 있었다. 이기는 법을 알고 한 번 이기면 계속 이기고 싶어진다. 그리고 일이 재미있어진다. 이기는 게임을 하는 것은 지도자로서 중요한 덕목이다. 이기는 방법을 알고 그것을 가르쳐야, 우리는 그를 지도자라고 말할 수 있을 것이다. 이길 필요가 없는 곳에는 사실 지도자가 필요하지 않다. 상급자만 있으면 된다.

이기는 힘도 길러야 한다. 하루아침에 길러지지 않으니 꾸준히 노력해야 한다. '내가 꼭 필요한 존재'라고 느끼고 나의 힘을 보태야 한다고 믿을 정도가 되면, 그들이 속해 있는 팀은 언제나 이길 수 있다. 상대가 누구든 장소가 어디든 가리지 않는다. 일이 재미있어지는 순간이다.

∶ 행복한 경쟁이란? ∶

"행복한 경쟁이란 직원 모두를 승리자로 만드는 일이다."

내가 부행장으로 부임한 뒤, 어느 날 한 언론에서 내가 전에 일했던 지점으로 취재를 나갔다. 계속되는 1등의 비결을 묻는 기자에게 직원들은 "우리는 행복한 경쟁을 하고 있어요."라고 말한 것이다. 그 기사를 접한 다른 은행의 어떤 지점장이 나를 만나고자 했다.

"경쟁이 어떻게 행복할 수 있습니까?"

"직원 모두를 승리자로 만들면 가능합니다."

그게 나의 대답이었다. 좀 부족한 듯해서 다시 설명을 이어갔다.

"축구에서 골을 넣는 사람만이 승리자가 되는 것이 아닙니다. 팀이 이기는 경기를 하면 선수들 모두가 승리자가 되는 것입니다. 경쟁력을 키우기 위한 내부경쟁도 있겠지만, 결국엔 우리 팀이 최종목표를 달성하고 승리하는 결과를 만들어냄으로써 팀원 모두가 승리자가 되는 것이지요."

"그러면 반드시 1등을 해야겠군요?"

"그렇습니다. 직원들의 지혜와 능력을 한곳으로 모으는 것이 중요합니다."

비교와 평가를 위한 경쟁보다는 승리와 성취를 위한 경쟁을 해왔던 것이다. 이것이 직원들이 말하는 '행복한 경쟁'이다. 그래서 경쟁의 상대를 가급적 외부에서 찾았다. 신규직원은 다른 사무실의 신규직원, 출납직원은 다른 사무실의 출납직원과 비교해서 '이길 수 있는 경쟁'을 하도록 했다.

여의도에는 4월이면 벚꽃을 구경하려는 인파들이 몰려든다. 벚꽃이 아름다운 이유는 수없이 많은 꽃이 무리 지어 피어 있기 때문일 것이다. 그들이 아름다워 보이는 것은 꽃들을 받쳐주는 가지가 사방에 퍼져 있기 때문이다. 어디 그뿐이랴! 보이지 않는 땅속에서 애쓰고 있는 뿌리도 있다. 가지의 헌신과 뿌리의 수고가 꽃의 아름다움을 떠받치고 있는 것이다.

모든 사람이 중요한 일만 하고, 생색나는 일만 하려고 한다면 과연 그 조직이 꽃을 피울 수 있겠는가. 잘하는 것 이상으로 각자 역할의 소중함을 더더욱 강조했다. 감독의 눈에는 꽃만 보이지 않는 법이다.

동전은 누가 세고, CD기의 돈은 누가 갈며, 공과금 정리는 누가 하는지도 보인다. 나는 늘, 실적을 많이 올리는 직원들 뒤에는 항상 숨은 공로자가 있다는 것을 강조했다. 그래서 모든 사람이 '승리자'라고 믿게 만들었다. 그리고 그건 사실이다.

: 동아리 모임 :

영업점에서는 영업 시작 전에 업무 관련 회의와 교육시간을 거의 매일 갖는다. 직원들은 사업 얘기만 하면 금방 경직된다. 어떻게 하면 딱딱하지 않게 사업에 관한 이야기를 할 수 있을까? 이런 생각 끝에 탄생한 것이 사업추진 동아리다.

사무실에는 동아리를 3개 정도 만들고, 사무소장은 빠진다. 현재 담당하고 있는 업무와 관계없이 본인 희망으로 각자 동아리에 소속이 되고, 회장은 직급과 상관없이 업무 담당자가 된다. 따라서 어린 신규직원이 회장이 되는 경우도 있다. 동아리에서는 차를 마시고 잡담도 곁들여가며 해당 사업을 효과적으로 추진하는 사례를 수집하고 작전을 마련한다. 해당 과목의 시상금을 받으면 해당 동아리의 기금이 되기도 한다. 다른 사람들은 그들의 처분을 기다려야 한다.

직원들은 이 동아리 덕분에 스트레스받지 않고 사업을 추진할 수 있었다고 말하곤 했다. 전국 최다 건수의 방카를 추진하면서도 스트레스 받지 않고 즐겁게 했다. 언제나 카드 목표 100% 이상의 성과를 보였고, 새로운 펀드에 손을 대고 길거리에 나가 모바일 뱅킹 대상고객을 데리고 오면서도 스트레스를 받지 않고 일했던 이유 중 하나가, 그 동아리 때문이 아니었나 싶다.

회의시간에 왁자지껄 떠들고 웃는 소리에 궁금해서 견딜 수가 없어도 지점장은 끼어들지 않는다. 행여 나 때문에 직원들이 방해받지 않도록 배려해야 했다. 스스로 생각하고 스스로 결정하는 자율 동아리, 자율성을 보장하고 성과에는 다 같이 기뻐하는 분위기를 만들었다. 실패를 두려워하지 않도록 격려해주었다. 하지만 그것도 의도적으로 이루어지면 형식적이고 타율적으로 흐르게 되어, 별다른 호응이나 성과를 거두지 못할 것이다.

아침 회의와 교육시간을 한 번은 지점장, 한 번은 팀장, 한 번은 동아리 회장 중심으로 진행하여 자발적인 참여를 이끌어내고, 직원들 각자의 역할에 충실할 수 있도록 배려했다.

: 1등을 하는 이유 :

사람들은 묻곤 한다.

"잘하면 됐지, 왜 굳이 1등을 해야 하느냐?"

"어떻게 가는 곳마다 매번 1등을 할 수 있느냐?"

뭐 뻔한 이야기지만 굳이 1등을 하는 이유를 꼽아보자면 이렇다.

첫째, 1등과 2등은 하늘과 땅 차이라는 것이다. '세상은 아무도 2등을 기억하지 않는다.'라는 말이 있지 않은가. 줄곧 2등만 했다고 해도 못한 것은 아니지만, 내가 줄곧 그렇게 했다면 지금쯤 누가 나를 기억이나 하겠는가? 불과 하나의 등수 차이지만, 하나 이상의 엄연한 차이가 있기 때문에 사람들은 기를 쓰고 1등을 하려고 덤비는 것이다. 나 또한 그랬다.

둘째, 1등을 하면 사무실 분위기가 좋아진다. 어떤 이는 분위기가 좋아야 일이 잘된다고 하지만, 나는 거꾸로 일이 잘 되어야 분위기가 좋다고 생각한다. 결과가 좋으면 서로에게 관대해지고 너그러워진다. 분위기도 자연히 좋아진다. 결과가 나쁘면 서로에게 책임을 묻고, 심지어는 서로에게 책임을 전가하는 일도 생기게 된다. 당연히 분위기가 나빠진다. 결과는 안 좋아도 분위기만은 참 좋다고 말할 수 있는 경우는 거의 없다.

셋째, 1등을 하면 짧게 말할 수 있어서 좋다. 1등이면 더 이상의 설명이 필요 없다. 그야말로 깔끔하다. 설명이 뒤따르고, 궁색한 변명이 이어지면 모든 상황이 구차스럽게 된다.

"업적이 어때?"

"어? 1등이야!"

더 이상 무슨 말이 필요한가?

마지막으로 1등을 하고 있으면 위험한 거래유치의 유혹에서 벗어날 수가 있다. 아무래도 실적이 나빠 이리저리 압박을 받게 되면 그런 유혹에서 벗어날 수가 없기 때문이다. 하지만 실적에 구애받지 않으면, 일을 소신껏 처리할 수 있을 뿐만 아니라 여러 가지 위험요소를 걸러내고 신중하게 결정할 수 있는 여유를 가지게 된다.

이처럼 1등을 한다는 것은 위험을 선택하지 않을 수 있는 조건을 만드는 일이며, 이것은 결국 조직과 자신을 위험으로부터 보호하는 안전장치를 만드는 것과도 같은 일이다.

: 1등의 세 가지 비결 :

하나, 출발은 빠르게

잘하고 못 하는 것은 불과 2달 차이다. 어떤 일이든 마지막 결승점에 도달하고 난 뒤에는, 시간이 조금만 더 있었으면 좋겠다는 아쉬움을 갖게 된다. 더도 말고 꼭 두 달만 시간이 더 있었으면 좋겠다고 생각한다. 그렇다면 두 달만 미리 출발하면 어떤 경기에서도 이길 수 있지 않을까?

마라톤은 미리 출발하면 부정출발이지만, 사업에는 부정출발이 없다. 따라서 빨리 시작하는 요령이 있다면 경쟁에서 매우 유리할 것이다. 어떻게 해야 빨리 출발할 수 있을까?

첫 번째, 트렌드를 읽어야 한다. 앞으로 무엇이 이슈가 될지를 예측하는 능력이다. 안양 1번가 지점에서 같이 일했던 책임자가 이와 같은 말을 했다.

"저희 지점은 각종 프로모션에서 상을 휩쓸다시피 했어요. 프로모션과 상관없이 자체적으로 추진하던 종목을 뒤늦게 본부나 지역본부에서 프로모션을 거는 경우도 많았지요. 그래서 생각지도 않은 시상금을 타게 된 경우가 많습니다."

두 번째, 사업을 정상적으로 추진하는 것이다. 실적에 쫓겨 허겁지겁 추진하는 것이 아니라, 정상적으로 불입이 되고 이용이 되는 거래를 추진하는 것을 말한다. 정상적인 계좌는 다음 해에도 불입액이나 수수료가 불어나기 때문에 일찍 출발한 것과 같은 효과가 있다.

실제로 붓지 않거나 이용이 되지 않아 실적에서 차감되고, 허수로 인해 지표가 늘어나는 경우가 허다하다. 그것을 알면서도 당장 급하니까 그런 일을 반복하는데, 이는 실적을 관리하면서 느끼는 가장 아쉬운 부분이다.

둘, 목표는 단순하게

단순한 것이 좋다. 좋을 뿐만 아니라 매우 효과적이다. 단순하게 만드는 능력은 다시 말하면 요약하는 능력이고, 우선순위를 정하는 능력이라고 할 수 있다. 초점을 만들고 사람들을 집중시킬 수 있다. 집중시킬 줄 모르면 아무것도 할 수가 없다. 단순해야 집중이 가능하다.

세상에 좋은 걸 다하려고 하면, 아무것도 하지 못한다. 그렇다면 우선순위에서 밀려난 항목은 어떻게 해야 할까? 과감히 버리는 것이다. 머릿속에서 지워버리는 것이다. 묻어둔다는 표현이 맞을 것이다. 머리가 복잡하면 몸이 말을 잘 듣지 않는 법이다.

직원들이 하는 얘기를 평소에 귀담아듣고, 올바른 방향과 우선순위를 잘 설정해야 한다. 그래서 3가지 이상은 머릿속에 담지 말고 일하는 것이 좋다. 가지 수를 줄이면 성공확률도 높아진다.

스티브 잡스가 자신이 설립한 애플사에서 쫓겨났다가 복귀해서 제일 처음 시도한 일은 새로운 제품을 추가하는 것이 아니었다. 불필요한 제품을 제거하는 일이었다고 한다. 生一事不若減一事생일사 불약감일사, 즉 하나의 일을 만드는 것이 하나의 일을 없애는 일만 못 하다는 말이다.

셋, 과정은 재미있게

목표가 아무리 훌륭해도 과정에 재미가 없으면, 구성원들이 흥미를 잃게 된다. 태도가 좋고 실력이 있더라도 쉽게 지치고 말 것이다. 그렇다면 재미는 어디서 나오는 것일까?

예능 프로는 재미가 생명이다. 연출자의 기획과 작가의 상상력이 필요하겠지만, 무엇보다 예능프로의 재미를 더하는 것은 자막이다. 자막이 없는 예능프로를 보고 있다고 상상해보라! 무슨 재미를 느낄 수 있겠는가? 자막은 작가가 현장을 함께 겪어야 넣을 수 있는 것이다. 그래서 현장은 재미의 절대적 조건이기도 하다.

현장이 아무리 재미있더라도 이기지 못하면 재미가 없다. 결과가 좋으면 과정도 좋아진다. 재미를 위해서라도 이기는 것이 필요하다. 재미가 있으면 힘든 줄 모르고 일할 수 있다. 일을 마치고 난 뒤에 재미있는 일을 따로 하는 것이 아니라, 일 속에서 재미를 만드는 것이다.

: 송도 더프라우 :

지난해 기업사냥꾼에 의한 부실 위험을 가까스로 막아내고, 업적도 1등으로 마무리 지었다. 사업량도 많이 늘어나서, 이제는 거칠 것이 없는 1등이 예상되었다. 예상대로 2월 말 평가 결과는 남들이 따라올 수 없는 1등이었다. 이대로 가면 그룹에서뿐만이 아니라, 농협 전체에서도 1등이 분명했다.

낙관도 잠시, 3월 말 송도에 있는 코오롱 더프라우 아파트 청약에 부동산 투기 광풍이 불면서, 전국에서 3일 동안 무려 2조 원 넘는 청약자금이 몰렸다. 취급 은행이 우리 그룹에 속해 있는 간석 지점이라는 곳이었다. 예금이 단번에 수천억이 늘고 십 수억 원의 수지개선 효과가 발생했다. 3일 동안 천지개벽이 일어난 것이다.

그 어느 해보다 쉽게 1등을 할 수 있는 완벽한 조건이 갖춰져 있다고 생각했는데, 순식간에 이런 일이 생기고 보니 허망하기 짝이 없었다. 전국을 제패할 실력을 갖추고서도, 그룹 내에서 2등을 해야 한다는 사실이 받아들여지지 않았다. "운이 나쁜 것이지, 실력이 모자란 것은 아니다."라는 말로는 위로가 되지 않았다.

1,000점 만점에 200점이나 앞서 있던 상황에서 순식간에 150점이 뒤졌다. 상위권에서는 점수 20점도 뒤집기가 어렵다. 한데 150점이라니! 제아무리 민경원이라도 더 이상은 안 된다고 사람들은 말했지만, 나는 포기할 수 없었다.

着眼大局착안대국, 着手小局착수소국

웬만한 부분에서는 점수를 거의 획득했기 때문에, 추가로 얻을 수 있는 점수가 얼마 남지 않았다. 바둑 격언에 '국면을 크게 보고 착수는 세심하게 하라.'는 말이 있다. 지금까지 큰 국면으로 사업을 이끌고 왔다면, 이제부터는 눈에 안 보이는 작은 것들을 완벽하게 챙기는 길뿐이다. 눈 터지는 계산이 필요한 시점이다.

오직 직원들의 결집된 힘이 요구되는 시점이었다. 구석구석에 남아 있는 모든 것들을 전부 하나로 모아야 했다. 그렇게 해도 역전이 가능하다는 확신이 좀처럼 서질 않았다. 12월 말에 최종적으로 우리가 승리하는 도면을 그려보았다. 물론 일방적인 생각이었다.

당시 상대 사무소에서 내 계획을 들었다면 실소를 금치 못했을 것이다. 그러나 역사는 또 이렇게 바뀌는 것이니, 나는 줄곧 이기는 상상만 했다. 수없이 이기는 그림을 그렸다. 그렇게 상반기가 지나고, 여전히 100점의 점수 차가 건널 수 없는 강처럼 느껴졌다.

그러는 사이 상대 사무소 지점장은 이곳저곳 각종 회의장소에서 성공사례 발표에 여념이 없었다. '설마 이 점수를 따라오랴!' 생각했을 것이다. 어느 쪽이든 이기는 지점이 전국 1등이고 지는 지점이 전국 2등인 것이다. 업적은 그룹 단위로 평가하기 때문에, 전국 2등이 그룹에서도 2등이라는 게 문제다. 전교 1~2등이 한 반에 있어, 전교 2등이 반에서도 2등을 하는 희귀한 경우가 발생한 것이다.

어디에서나 1등과 2등은 하늘과 땅 차이였다. 그걸 너무나 잘 아는 우리는 절대로 양보할 수 없었다. 양쪽 사무소가 마찬가지였다.

세 바퀴

하반기 들어 점수는 50점까지 좁혀졌다. 우리가 점점 따라가고 있다는 것을 느끼고 있었지만 더 이상 만회할 점수가 없는 상태였다. 언제나 나에게 무한 신뢰를 보여주는 우리 직원들은 내가 설계한 도면

대로 움직일 준비를 하고 있었다. 우리에게 남아 있는 유일한 희망은 300%까지 가점을 인정해주는 비이자 수익 부문이었다.

100%를 한 바퀴, 300%를 세 바퀴라 칭했다. 세 바퀴를 굴려야 하는 목표를 진즉에 정했다. 직원들도 체력을 한 곳에 집중시켰다. 상반기부터 치밀하게 굴릴 준비를 해왔다. 그리고 한 바퀴를 지나 두 바퀴로 가고 있었다.

3/4분기 말인 9월이 되자, 어! 어! 하는 상황까지 따라갔다. 하지만 그때까지도 설마 하는 분위기였다. 10월이 되면서 20점 이내로 좁혀진 점수가 슬슬 상대를 공포로 몰고 갔다. 아직도 점수는 우리가 부족했지만 따라오는 페이스 때문에 상대가 불안에 떨고 있었던 것이다.

그럴수록 우리 직원들은 더욱 기가 차올랐다. 11월이 되자, 비로소 근소하게 상대사무소를 제칠 수 있게 되었다. 앞서 달리던 주자가 결승선 앞에 다 와서 추월당하자, 맥없이 주저앉았다. 더 이상 힘을 쓸 수 없었던 것이다.

어느 모로 보나 이것은 당연한 결과였기 때문이다. 그쪽은 예기치 않았던 운의 결과였고, 우리 쪽은 착실하게 준비해온 결과였다. '실력이 운에 뒤집히는 것을 용납할 수 없다.'는 나의 집념을 우리 직원들이 끝까지 응원하고 힘을 모아 준 결과였다. 우리의 포기할 수 없는 꿈이 가져다준 달콤한 승리였다.

우리는 결국 그해에 그룹 1등은 물론이고 농협은행의 1,000여 개 지점 전체에서 1등을 하는 쾌거를 달성했다.

서현 지점에 부임하던 해 2월 업적이 꼴등으로 나왔다. 지난해에 1등을 한 점포인데 불과 두 달 만에 꼴등이 된 것이다. 문제는 손익이었다. 자원이라고 할 수 있는 기업체 대출이 기업금융 점포로 넘어갔고, 보유하고 있는 수신 물량은 대부분이 기관예금이라 마진이 거의 없거나 역마진이었다.

자산구조가 손익이 뒷받침 안 되는 물량으로 채워진 것이 문제였다. 일시적인 문제가 아니라 구조적인 문제라 구조를 개선하지 못하고 물량만 늘리면 악순환은 올해뿐 아니라 매년 계속해서 이어지리라 판단했다. 결국 나는 1등을 포기하고 사무소 자산의 구조개편에 착수했다.

마진이 없는 수신계수를 과감히 털어내고, 수익성이 높은 여신계수를 확대시키는 목표를 세웠다. 단기적인 업적을 포기하면서, 중장기 틀을 바꾸는 작업에 착수한 것이다. 나로서는 뼈아프지만, 어쩔 수 없는 일이었다. '지속적인 확장성'을 키워나가는 것이 나의 일관된 사업추진 방식이었기 때문이다.

단기적인 실적에 급급하다가는 만성적인 사업부진의 늪에 빠질 수 있고, 사업의 구조적인 편향과 왜곡을 시정할 기회를 영영 얻지 못할 수도 있다는 판단이었다. 거기다가 형편이 조금 나아질 수는 있겠지만, 나의 트레이드마크가 된 '업적 1등'은 불가능하다는 전략적인 판단도 한몫했다.

지점장을 하는 동안 처음으로 1등을 포기하고 구조개혁을 추진하는 해가 되었다. 올바른 방향으로 사업 구조조정을 진행한다는 것에 의미를 두었지만, 마음은 아팠다.

이듬해 나는 다시 1등을 되찾았고, 다른 사람들은 별로 신경 쓰지 않을 명예를 회복했다. 1등 퍼레이드에 한 차례 금이 간 것이 못내 아쉽기는 해도, 나의 한계를 인정하는 인간다움을 확인할 수 있었던 시간이었다.

사람들의 기대를 충족시키지 못했다는 부족함과, 변명이라도 늘어놓고 싶은 아쉬움이 지내는 동안 내내 나의 마음 한구석에 남아 있었다.

Chapter 4

간절함이여
나에게
오라

우리를 가로막는 편견

간절히 원하면 이루어진다

우리를 가로막는
편견

    분당에는 서울에서 이전한 기업체들의 사옥이 꽤 있었다. 이들 기업 중에는 공기업을 제외하고 농협과 거래가 전혀 없는 기업들도 있었다. 첨단 IT기업들이 특히 그랬다. 아무래도 첨단기술과 농협은 잘 어울리지 않는 듯했다.

    인터넷 관련 기업, 게임 관련 기업, 통신장비 제조기업, 반도체장비, 태양광 관련 업체들을 찾아다니면서 농협에 대한 편견이 일정부분 존재한다고 느껴지기는 했지만, 이것이 특별히 문제가 되지는 않는다고 생각했다. 기업체 입장에서는 아무래도 경험해보지 않고는, 농협을 기업금융이 활발한 곳으로 생각하기는 어려울 것이다.

    "농협에서 왔습니다."

    "농협에서 여길 다 오셨네요. 농협에서도 기업금융을 합니까?"

"예, 요즘은 많이 하고 있습니다."

"아, 그래도 농협에서 오신 건 처음입니다."

더 큰 문제는 우리가 스스로 가지는 기업에 대한 편견이라고 생각한다. '그들은 우리와 거래하는 것을 별로 원하지 않을 것'이라거나, '그들의 요구사항을 우리가 해결하기 어려울 것'이라는 편견 등이 그것이다. 그들이 가지고 있는 농협에 대한 편견을 받아들이되, 그걸 극복하려고 노력하는 모습을 보여주면 오히려 반전이 일어나기도 하는데 말이다.

흔히들 능력의 차이를 말하는 사람들이 있는데, 그 능력의 차이라는 것은 '해봤느냐, 안 해봤느냐'의 차이이기도 하다. 처음부터 해본 사람이 어디 있겠는가. 누구나 극복할 수 있다. '안 해봤으니까 모르고, 모르니까 못 하고'의 악순환이 여기서도 문제가 되고 있었다. 자신감을 갖고 부딪쳐볼 일이다.

우리 최대의 적은 경쟁은행이 아니라, 단지 해보지 않았다는 이유로 경쟁을 두려워하는 우리들의 마음인 것이다.

: 공과금 자동이체 :

"아이고, 거긴 아오지야 아오지! 말도 못 해, 맨날 사고에다가 왜 그렇게 공과금 내는 손님은 많은지……. 마감일이 되면 줄이 밖으로 나간다니까."

"공과금 자동이체를 하면 되잖아요."

"이 사람아, 그 사람들이 하란다고 하는 줄 아나?"

내가 서울에서 근무할 때 지방을 다녀온 어느 선배 책임자분께 들은 이야기다. 농협에는 승진하면 지방근무를 하는 관례가 있었는데, 그 선배가 거쳐온 지방이란 경기도 성남을 일컬으니 요즘은 지방이라고 할 수도 없다.

95년도에 안성교육원을 나와 차장으로 처음 일하게 된 영업점이 성남에 있는 은행동 지점이었다. 듣던 대로 주위환경은 열악하기 짝이 없었고, 인구 밀도가 높아 공과금 마감일에는 줄이 장난이 아니었다. 2층에서 시작된 줄이 1층을 거쳐 밖에까지 나가야 하니, 줄을 서 기다리는 고객의 불편은 말할 필요도 없고, 온종일 공과금을 받아야 하는 직원의 고충도 이만저만이 아니었다.

제때에 화장실에 가지 못해서 방광염에 걸리는 직원, 늦게까지 마감을 끝내지 못해 울면서 퇴근하는 직원, 그야말로 아오지가 따로 없었다. 그러니 항상 공과금 수납업무는 신규 여직원이나 타 지역에서 갓 전입해 온 직원에게로 돌아갔다.

"언제까지 그 일을 두고 볼 것인가?"

이 문제를 근원적으로 해결하는 길은 자동이체뿐이라고 생각했다. 요즘처럼 기계로 수납하면 그만이었겠지만 당시로서는 기계로 수납하는 일은 꿈도 꿀 수 없는 일이었다. 그렇다면 그 많은 사람에게 어떻게 자동이체를 추진할 것인가.

"공과금 자동이체를 하면 되잖아요?"

서울에 있을 때 지방을 거쳐 온 선배에게 했던 말이다. 이제 내가 답해야 할 차례가 온 것이다. 내가 직접 줄 서서 내는 손님들 앞으로 나가

보았다. 고객들의 표정을 일일이 살피면서 자동이체가 활성화되지 않는 이유를 알아보기 위해서였다.

이때 놀라운 사실 하나를 발견했다. 자동이체 신청서를 대신 써주니 신청하는 고객이 하나둘 생기는 것이었다. 콜럼버스가 신대륙을 발견한 것처럼 내 머리를 스치는 단 한마디, "아, 이거구나! 대신 신청해주면 할 수 있겠구나."

하지만 이 정도 가지고는 간에 기별도 가지 않는다. 자동이체의 효과가 나타나려면 좀 더 폭발력 있고, 집중력 있게 추진해야 했다. 공과금 수납업무에서 이미 열외된 직원들에게는 미안한 일이었지만 커다란 목표를 눈앞에 두고서 작은 희생 정도는 감수해야만 했다.

전 창구에서 수납하는 체계로 바꿈과 동시에 마감업무 또한 공과금 종류별로 전 직원에게 분산토록 했다. 그리고 이렇게 했을 때 일어날 수 있는 모든 문제점을 면밀히 검토하여 나름대로 대책을 세워놓았다.

또한 한 달에 100건 이상 자동이체에 성공한 직원들에게는 다음 달 초에 바쁘지 않은 틈을 이용하여 포상 휴가를 보내기로 했다. 내 생각은 적중했다. 공과금을 받는 직원이 신청서를 써주면서 권유하자, 꿈쩍도 하지 않던 고객들이 마침내 하나둘씩 무너지기 시작했다.

그렇게 6개월쯤 시간이 흐르자 창구에서 수납하는 공과금 집계 매수가 점점 줄어드는 것이 보였다. 주변의 타사무소에서도 벤치마킹하기 위해 찾아오기 시작했다. 공과금 자동이체가 드디어 성공적으로 진행되고 있었다. 도저히 불가능해 보였던 일이 눈앞에서 신기하게 변해갔다.

그 당시 대부분 직원의 관심사는 '어떻게 하면 내가 그 일을 피해갈 것인가.' 하는 것이었다. 물론 책임자들도 마감일에만 몰려오는 손님들, 농협으로만 공과금 내러 오는 손님들에게 원망 섞인 마음을 가질 뿐 달리 뾰족한 수를 내놓지 못했다.

기껏 줄 서 있는 창구 앞에 '아직도 줄을 서서 기다리십니까?' 이런 감동 없는 문구의 현수막을 걸어놓는 게 고작이었다. 우리의 입맛에 맞기를 기다리고 있었을 뿐 그들의 입맛에 맞추려는 노력이 부족했던 것이다.

처음에는 직원들의 반발도 만만치 않았다. 우리도 졸병 때 다 겪었던 일인데, 한 1~2년 있다 갈 차장님이 공연히 평지풍파를 일으킨다는 것이었다. 하지만 나의 소신 또한 흔들림이 없었다. 내가 가든 말든, 언제까지 이런 방식과 환경을 대물림할 것이란 말인가.

나도 과거에 했던 일이기 때문에 나만 아니면 그만이라는 생각으로 이런 비인간적인 업무환경을 방치하는 것은 말이 안 된다. 눈을 똑바로 뜨고 우리를 돌아보자. 무엇이 문제이고, 그 문제는 어떻게 풀 수 있는지를 같이 생각해보자고 했다.

그렇게 일 년, 이 년이 지나고 모든 직원의 입에서 그때 그렇게 하길 참 잘했다는 이야기가 나오기 시작했다. 비록 힘은 좀 들었지만, 지금 와서 생각해도 그 방법이 최선이었다는 것을 모든 직원이 공감해준 것이다.

비로소 그 지옥 같았던 공과금 수납환경이 획기적으로 바뀌었다. 큰 돈이 든 것도 아니고, 고객들에게 불편을 끼친 것도 아니면서 서로가 비용을 줄이고 시간을 절약할 수 있는 공동선의 방법을 찾은 것이다. 단지 순서를 바꾸고 과거에 하던 방식과 습관에 변화를 주었을 뿐이다.

공과금 자동이체는 처음부터 업적을 올리기 위해서 추진한 일이 아니었다. 열악한 조건에서 일하는 특정 직원들의 처우와, 마감일에 하염없이 줄 서서 기다리는 고객의 불편을 개선할 목적으로 채택한 방법이다. 그랬던 것이 고객과의 관계를 돈독하게 만들고 직원들의 마케팅 능력을 획기적으로 변화시키는, 상상도 못 했던 업무성과로 이어졌다. 자칫 감상주의에 그칠 수도 있는 휴머니티가 성과로 연결된 귀중한 사례라고 볼 수 있다.

⋮ 공제를 창구에서 어떻게 하지? ⋮

공과금 자동이체를 하면서 놀라운 것은 직원들의 말문이 터진 것이다. 전 같으면 상품을 권유하기는커녕 입도 안 떨어지는 직원이 부지기수였는데, 자동이체를 추진하는 사이 본인도 모르게 말문이 터지기 시작한 것이다.

그때까지만 해도 창구에서 직원들이 공제보험를 추진한다는 것은 꿈만 같은 일이었다. 기껏해야 대부계에서 억지로 가입을 강요하거나, 정기예금 비슷한 것으로 '불완전 판매'를 하는 것이 고작이었다. 당시만 해도 취급이 생소했던 암 보험, 3대 질병 보험 등 보장성 공제를 창구에서 직원들이 판매해보도록 했다.

보험 판매인들은 밖에서 잘 파는데 왜 우리는 안 될까를 곰곰 생각해보았다. 우선 상품에 대한 지식이 부족하고, 수수료 집행이 사후에 일어나기 때문에 가입과 동시에 사은품을 지급하기 어려웠다. 마지막으로 꼭 하지 않으면 안 되는 '절실함'의 문제가 있었지만, 보험판매인과 은행원들은 엄연한 차이가 있으므로 이 부분은 나로서도 어쩔 도리가 없었다.

그래서 절실함의 문제는 직원들의 말문과 경쟁심으로 풀어내기로 하고, 가입과 동시에 사은품을 제공하는 문제는 외상구입으로 해결했다. 매월 권유수당 지급 시마다 직원들의 사은품 사용 개수만큼 외상값을 정산하는 진풍경을 연출해야 했다.

직원들의 상품지식 문제를 보완해주기 위해, 매달 전략 상품을 지정하고 상품의 특징, 공제료보험료 납입액 예시, 보장내용을 종이 한 장에 요약하여, 직원들 창구 앞에 비치해주었다. 고객 설명 자료로 쓰고 떨어지면 복사해서 보충하곤 했다. 그 효과를 체험한 직원들이 신상품이 나오면 나에게 새로운 요약표를 만들어달라고 부탁할 정도였다.

사무실 벽면에는 대형 현수막을 제작해 걸어놓았다. 그때 머리를 싸매고 만들던 현수막이 요즘 기획사에서 대량으로 공급하는 현수막의 효시가 된 것이다. 당시에는 시안이 없었기 때문에 비싼 돈을 들여 그때그때 제작해서 써야만 했다.

누구도 창구에서 그런 상품이 팔릴 수 있을 거라고는 아예 기대조차 하지 않았다. 막상 추진이 되면서 직원들 자신도 신기해하고 놀라워했다. 다른 사무소에서 견학을 오는 등 아우성이었다. 직원들이 흥미를 갖고 추진에 몰두하는 사이 다른 거래가 지체되는 문제가 발생하여 하루에 1인당 3건 이상 추진을 못 하도록 제한했을 정도다.

특히 적정한 가격으로 사은품을 고르는 일은 예술에 가까웠다. '적은 금액으로 부피도 있고, 실용적인 물건이 뭐가 있을까?' 여러 날 고민을 거듭하다가, 아내가 사온 두루마리 화장지를 보게 되었다.

"저게 얼마야?"

"5,000원인가, 왜?"

"저거다! 됐어!"

귀가 번쩍 뜨이고, 정신이 확 들었다. 그렇게 사들인 화장지가 '대박'이었다. 그 뒤에 다른 사무소로 퍼져나가고, 커피 잔, 반상기 세트 등으로 진화를 거듭했다.

공과금 문제를 해결하고 난 뒤에 부수적으로 농협의 핵심 사업 중 하나인 공제 문제를 단번에 해결하게 된 것이다. 거기다 직원들에게도 훌륭한 마케팅 체험을 할 수 있게 해준 것이니 얼마나 다행스러운 일인가?

그뿐이랴! 그 자동이체 덕분에 입출식 통장의 해지가 불가능하여, 그 후로도 십수 년간 요구불구성비가 다른 지점에 비해 월등히 높았다. 다른 곳으로 이사 간 고객들이 통장을 해지하고 싶어도 통장에 자동이체가 하도 많이 걸려 있어서 해지할 수가 없었다고 한다.

그것은 곧바로 은행의 수익성을 증대시켜 지점의 평가에도 두고두고 효자 노릇을 톡톡히 하였던 것이다.

: 하나로 고객에 대한 고정관념 :

고객관리의 중요성을 이야기할 때마다 상위 20%가 전체의 80%를 차지한다는 '파레토 법칙'이 자주 등장한다.

이 말이 과연 맞는 말인가? 나는 아니라고 본다. 적어도 어디서나 적용될 일은 아니라고 본다. 그 말이 틀렸다는 것이 아니라, 상위 20%의 핵심만 잘 관리한다고 매출이나 이익이 극대화된다고 볼 수는 없다는 뜻이다. 고객 기반이나 판매방식에 따라서는 하위 80%가 더 큰 매출 신장을 가져올 수도 있기 때문이다.

이런 현상을 '롱테일의 법칙'이라고 부른다. 많은 점포 네트워크를 이용해서 서민층 고객 다수와 거래하는 우리 농협의 특수성을 감안하면, 상위 20%의 고객에 집중하는 일보다 하위 80%의 고객에 집중하는 일이 더 중요하다는 생각이다. 우량고객을 관리하는 일보다 우량고객으로 만들어나가는 일에 더 적극적이어야 한다는 것이다.

적은 인원으로 최소정예의 고객들을 관리하여 최대의 성과를 거두는 영업 방식은 우리 농협과 잘 어울리지 않는다. 무비판적으로 수용할 필요도 없다. 여전히 농협에서는 다양한 이용자의 편익과 그들과의 관계를 통해서, 매출과 수익을 종합적으로 유지해가는 전략이 필요하다고 생각한다.

등급이 떨어지는 학교에서 상위 20%의 학생만 집중 관리한다고 해서, 과연 그들이 일류대학에 진학할 수 있겠는가. 우수고객에 대한 관리 못지않게 이용자의 편리성을 끊임없이 개선하고, 농협과 관련된 부정적 이미지를 개선하는 데 초점을 맞추어야 하리라고 믿는다.

예전에 고액거래처에서 전화가 오면, 밥 먹다 말고도 벌떡 일어나는 지점장을 본 적이 있다. 지점의 넘버 쓰리 안에 드는 고객이라고 했다. 볼륨의 크기 때문에 각종 금리우대, 수수료 면제 등 모든 혜택이 집중되었지만 그만큼 지점에 수익 기여가 되었는지는 의문이다.

이미 고정된 우량고객들은 더 이상 은행에 수익을 주지 않으려고 한다. 또한 그분들은 지점장과 많은 시간을 보내고 싶어 한다. 평범한 고객들의 불편을 해소하는 일에 방해가 되기도 한다. 그러니 새로운 고객을 찾아 나서야 한다. 농협을 거래하지 않는 고객, 농협에 대한 편견을 가지고 있는 고객 말이다. 그리고 그 편견을 하나씩 바꿔나가야 한다.

상위 20% 고객만 붙들고 있다가는 망할지도 모른다는 생각으로 새로운 고객을 찾아 나서는 일에 집중해야 할 것이다.

：칸막이 ：

IMF 이후 여러 개의 은행이 사라지면서 새로운 바람이 불기 시작했다. 소위 영양가 있는 고객과 영양가 없는 고객을 구분하여 창구를 나누고, 고객 차별화를 시도하는 것이었다. 단순창구와 상담창구를 구분하고 아예 칸을 막아 보이지도 않게 벽을 세워 창구를 갈라놓았다.

나는 그때 이 작업이 실패할 것이며, 나중에는 돈을 들여 다시 뜯게 될 것이라고 예언했다. 그렇게 현장에서 고객을 구분하는 것이 가능하지 않다는 것이 첫 번째 이유였고, 직원 수가 점점 줄어 업무 처리 및 교대가 불가능하다는 것이 두 번째 이유였다.

특히 농협은 서민, 중산층을 핵심 고객층으로 하고 있는데 섣불리 칸을 막아 차별화를 시도하다 보면 오히려 반감을 살 수도 있고, 농협 이미지에 맞지 않아 결국 역효과가 날 것이라고 생각했다. 창구에 밀폐

감만 주고, 업무 효율이 떨어져 매우 불편할 것이 예견됐다.

서현 지점에 오자 넓은 사무실 공간을 커다란 칸으로 막고 업무를 보고 있었다. 그리고 오래 지나지 않아 또다시 예산을 투입해 막힌 칸막이를 헐어냈고, 손님들이 좋아하며 물었다.

"이렇게 시원한데 그동안 왜 막아놨었어요?"

영양가 없는 사람을 밀어낸다고 해서 영양가 있는 사람이 들어오지 않는다. 선무당이 사람 잡는다는 말이 있듯이 섣부른 차별화가 농협을 잡을지도 모른다고 생각했다. 영문도 모르겠고, 필요하다고 생각하지도 않는 일을 누가 이토록 강하게 밀어붙였는지 궁금하다. 지금은 전부 원래의 위치로 환원되었지만 아무도 책임지는 사람이 없다.

세상에는 영원불변한 것이 없으니 항상 겸손해야 할 것이다. 내 생각이 옳다 하더라도 차근차근 하나씩 검증받으면서 해도 좋은 일들이 세상에는 얼마든지 많다.

: 10번 찍어 안 넘어가는 나무도 있다 :

분당에 있을 때, 서울에서 분당으로 이주한 기업체들을 찾아다녔다. 어떤 인터넷 전문 업체를 방문해서는 총무과장을 찾았는데 콧수염에 귀걸이를 하고 있었다. 나 역시도 농협에서는 비교적 자유분방한 사고를 한다고 생각하고 있었는데 깜짝 놀랐다. 시대를 부지런히 쫓아가야겠다고 생각했다.

그때 찾아다니던 회사 중에 모 제약회사가 있었는데, 열 번쯤 찾아간 것 같다. 기존의 거래 은행들이 전부 서울에 있어서 내가 새롭게 거래할 명분이 충분히 있었다. 그러나 거래는 이루어지지 않았고 나중엔 담당부장이 얼마나 미안했던지, 부탁하지도 않은 직원들 신용카드 신청서를 받아서 나에게 건네주었다.

한 2~3년 뒤에 당시 그 제약회사의 재무부장으로부터 연락이 왔다. 그 제약회사에서 퇴직하고 지금은 다른 회사에 와 있다고 했다. 그리고 그때는 거래를 못 해주어서 미안했다는 것이다. 하지만 나는 이미 안양에 와 있었고, 일단 거리가 멀어 "가까운 곳에서 거래하는 것이 좋겠다."고 말씀드렸다.

아마 그분이 당시에는 실권을 갖고 있지 않았던 모양이다. 소위 '키맨'이 아니었던 것이다. 나도 꼭 해야 한다는 절박함이 있었던 게 아니고, 나라는 사람과 내가 몸담은 직장의 진실성을 보여주고 싶어서 소득이 없었지만 여러 차례 방문했던 것이다.

시간이 한참 지나고서도 나를 기억하고 찾은 걸 보면 그 당시 내가 헛걸음한 것은 아닌 것 같다. 그러나 여기서 또 한 가지, 내가 찾아가도 선뜻 응하지 않는 회사는 매력이 있지만, 제 발로 찾아오는 회사는 왠지 매력이 없다는 사실이다.

사실은 이것이 나의 위험관리 비법이기도 하다. 여신거래일 경우는 더욱 그러하다. 고마운 건 고마운 거고 위험은 위험이다. 이것을 구분하지 못하고 위험에 빠지는 사람들이 간혹 있다. 언젠가 심사부의 모 팀장이 나의 위험관리 비법을 묻길래, "나한테 잘해주는 사람, 나를 찾아오는 사람을 주의한다."라고 말한 적이 있다.

열 번이나 찾아간 사람이니 꼭 성과를 내야 한다는 집착은 버리는 것이 좋다. 열 번이든 스무 번이든 되는 것만 해야 된다.

: 골프를 어찌할꼬? :

중간 책임자가 되면 너도나도 골프에 입문한다. 마치 골프가 사무소장 등용문처럼 되어 있다. 나 역시도 골프를 치면서 사람들과 어울리고 있고, 필요한 일이라고 생각하지만 무조건 따라 할 필요는 없다고 본다. 골프에 들어가는 시간과 비용, 연습을 다른 곳에 투자해도 얼마든지 길이 있지 않을까 생각한다.

나와 함께 근무하던 팀장이 또래 친구들과 모이면 골프 얘기만 한다고 고민하는 것을 보았다. "일과 육아 등으로 운동할 형편도 안 되고 골프를 배워서 잘할 것 같지도 않은데, 나중에 사무소장을 하려면 골프를 배워야 하지 않을까요?" 하고 물었다.

간혹 흥미도 없이 억지로 골프에 끌려다녀야 하는 사람들을 보고 있으면 안타까웠다. 형편에 따라 일정 부분 같이 즐길 수 있어야 골프든, 다른 운동이든 의미가 있는 것이라고 생각한다. "사정이 그렇다면 굳이 안 해도 된다. 흥미 없는 일을 억지로 하는 것보다 흥미 있는 일을 열심히 해보는 편이 낫다."고 조언했다.

"다만 그 분위기와 환경을 이해하고 그것을 즐기는 사람들을 일부러 피하지 않을 정도로 '콤플렉스를 느끼지 않는 것'은 필요하다. 또 사람들과 어울리는 데 필요한 다른 무엇을 개발하는 노력이 있어야 할 것이다."라고 말해주었다.

그리고 "내일모레 업체 사장님과 운동을 하는데 클럽하우스로 끝나는 시간에 맞춰 와봐." 하고 일러주었다. 운전을 못하는 우리 팀장은 택시를 타고 클럽하우스로 찾아왔다. 차가 없으면 못 간다는 고정관념을 깬 것이다. 운동을 마치고 식사하는 자리에서 사장님들은 대단한 사람이라며 감탄했다.

온종일 같이 운동을 했던 나는 안중에도 없고, 그분들의 관심은 우리 팀장에게로 쏠렸다. 강력한 한 방으로 모든 상황이 정리된 것이다. 사람들이 감동하는 순간은 달리 정해진 것이 없다. 고정관념을 깨고 진정성 있게 다가서면 그것이 기술이고, 그것이 감동인 것이다.

팀장에게 꼭 골프를 쳐야만 감동을 주는 것이 아니라는 점을 알려주고 싶은 나의 실험은 계속되었다. 기업체 사장님들이 모여서 단체로 운동하는 날, 인터넷에서 팔고 있는 '미끄럼 방지용' 양말을 인원수만큼 구매했다. 말도 안 되는 양말이지만 일단 가격도 싸고 재미는 있었다.

운동이 끝나고 식사하는 자리에 찾아가 하나씩 나눠주고 인사하도록 했다. 예상대로 기업체 사장님들은 우리 팀장의 적극성에 칭찬을 아끼지 않았다. 양말이 문제가 아니었다. 무엇을 하든 주목받고 관심을 끌어내는 일은 쉽지 않다. 어색하고 불편하고, 낯설기 때문이다.

어렵고 힘든 일을 애쓰고 허우적거리면서 따라 하는 것이 나은지, 자기가 잘할 수 있는 일을 찾아 즐겁게 해보는 것이 나은지 쉽게 결론을 내리기 어렵다.

출장소장으로 있을 때 술자리에 남아 있다가 집에 갈 때 운전을 해주었더니 좋아하는 사람들이 많았다. 기왕이면 자신의 적성과 취미에 맞는 일을 찾아서 용기 있게 해보는 것이 낫지 않을까?

: 여직원도 힘든 일을 할 수 있다 :

영업점에 남녀구성비가 어느 정도 균형이 맞을 때는 육체적으로 힘든 일은 대부분 남자직원 차지였다. 예전에는 당직근무 서는 일부터 모 출납 등의 업무는 관례적으로 남자직원들이 감당했는데, 어느 틈에 여직원 숫자가 늘어나면서 그런 구분을 두기가 어려워졌다. 그러다 보니 자연스럽게 남자직원들이 해야 한다고 믿었던 일들을 여직원들이 수행하게 되었다.

하이닉스 공장 안에는 27대의 CD기가 곳곳에 흩어져 있다. 공장 여러 군데서 직원들이 사용하기 편리하게 배치된 것이다. 그러나 이 기계를 관리하는 일은 이곳저곳을 이동하면서 처리해야 하므로 육체적으로 힘든 일이었다. 그래서 업무를 돕는 업무지원 직원이 십 년 넘게 이 일만을 담당해오고 있었다. 그런 탓에 그 직원이 휴가라도 가면 다른 직원이 그 업무를 제대로 수행하지 못해 사무실이 온통 난리가 났다.

나는 이런 벽을 허물어야 유사시를 대비할 수 있고, 남들이 하는 일의 어려움을 공유해야 상대방을 이해하는 데 도움이 된다고 생각했다. 특정 업무를 직원 한 사람이 오랜 시간 담당하면 그 업무에만 선수가 되고 다른 일은 배우지 못 하는 일이 생기고, 다른 사람도 그가 하는 일을 배우지 못 하게 된다.

거기다 은행에서 생기는 대부분의 내부사고가 한 가지 업무를 오래 하는 데서 비롯되고 있기 때문에 사고를 예방하는 차원에서도 순환근무를 강제하고 있다. 몇 가지 편리함과 필요 때문에 그런 일을 방치하거나 눈감아서는 안 되는 것이다.

나는 굳이 어느 한 사람을 편하게 하거나, 반대로 다른 어떤 사람을 힘들게 하고자 했던 것이 아니다. 이 문제를 개선하기 위해 여직원들도 감당할 수 있는 능력을 키워야 한다고 생각했다.

하지만 처음 그 일을 맡은 신규 여직원은 매우 힘겨워했다. 남자직원만 해오던 일이라 더욱 그런 것 같았다.

"지점장님, 저 드릴 말씀이 있는데요."

"뭐지?"

"저 아무래도 공부를 더 해야겠어요."

떨리는 목소리로 나에게 말했다. 지금 하는 일이 힘들다는 말인 줄 모를 리 없다. 얼마나 힘들게 꺼낸 말일까?

"민경아, 힘들고 어려운 줄은 아는데 지금 포기하면 나중에 다른 일을 해도 힘들 때마다 포기하고 싶어진다. 길어야 6개월, 1년 하는 건데 잘 참고 해보렴. 훗날 웃으면서 옛날 얘기 할 때가 올 거야."

다행히 그 시기를 잘 극복하고 지금은 아이 엄마가 돼서 중견직원 역할을 잘 수행하고 있다. 지금은 어떤 어려운 일이 닥쳐도 그때처럼 두려워하지 않는다고 했다.

무슨 일이든 사무실에는 한 업무를 동시에 처리할 수 있는 인력을 3~4명쯤 키워놓아야 유사시에 대비할 수 있다. 여직원이라고 해서 밖의 일이나 힘든 일에서 예외가 될 수는 없다. 조금만 도와주면 누구나 가능하다. 여직원을 위해서라도 더 이상 그런 '예외나 한계'가 필요하지 않다는 생각이다.

: 인사 전에 업무 분장 :

대부분 직원 업무 분장은 인사이동이 완료된 후에 한다. 그것은 이동이 완료된 뒤라야 그다음 업무를 맡기는 것이 순서이고, 상식이기 때문이다. 그런데 인사이동으로 사람이 없는 가운데 인수인계가 이루어져 여러 가지 문제가 발생한다.

그래서 나는 인사가 있기 두 달 전쯤 이동 대상이 되는 사람을 예상하고 일단 업무를 교체한다. 그렇게 하면 사무실에 사람이 있는 동안업무를 인계받을 수 있는 장점이 있는 대신에, 인사이동이 있고 난 뒤에 또다시 업무 분장을 해야 하는 단점이 발생하기도 한다.

인사가 있기 전에 업무 분장을 하면 숙련도에 따라 인수인계하기 어려운 경우가 생긴다. 그런 점을 감안해 평상시부터 후임자 양성으로업무 공백이 생기지 않도록 대비하는 수밖에 없다. 넋 놓고 있다가 특정 업무를 볼 사람이 없다고 아우성치는 일을 줄여보기 위한 불가피한선택이었다.

"조금 있으면 어떤 직원이 이동할지 모르는데, 그때 가서 또다시 업무를 바꾸나요?"

"물론, 그래야지."

인사 때마다 후임자를 고르고 찾는 게 반복되고 있다. 그만큼 평소에준비가 여의치 않다는 말이기도 하다. 특별한 인수인계 없이도 업무가지속되는 일도 있고, 인수인계가 필요한 업무도 있다.

인사이동이 있고 난 뒤에 업무를 분장하면 전임자가 다른 사무실로이동하고 없는 경우가 발생한다. 전임자가 사무실 내에 있을 때 업무 분장을 해서 최대한 업무 공백을 줄여보자는 것이 내 생각이다.

업무를 바꾸고, 바뀐 업무를 인수인계하는 과정만 제대로 자리를 잡아도, 일하는 틀이 잡혀 있는 조직이라고 볼 수 있다. 사람이 바뀌어도 일이 제대로 굴러갈 수 있는 상태를 미리미리 만들어놓는 것이 조직 운영의 필수과제이다.

: 팀워크란? :

팀워크란 팀장과 팀원이 똘똘 뭉쳐 단합된 힘으로 팀의 목표를 수행하는 것이다. 원론적으로 각각의 팀이 잘되면 전체가 잘되는 것인데 실제로는 그렇지 않다. 그것은 팀의 성공이 전체의 성공을 말해주지 않기 때문이다. 그래서 나는 '팀워크'의 뜻을 조금 다르게 정의한다.

"팀워크란 팀 내에서의 단합 능력을 말하는 것이 아니라, 팀끼리의 협조 능력을 말하는 것이다."

그만큼 팀과 팀 사이의 협조가 필요하다는 뜻이다. 어떤 일이든 하나의 팀 안에서 일이 완료될 수는 없다. 다른 팀의 협조가 절실히 요구되는 것이다. 그래서 요즘 그런 문제를 해소하기 위하여 大대 팀제를 운영하거나 그룹이라는 형태로 팀을 광역화하는 추세다.

아무리 규모를 키운다고 해도 팀과 팀 사이 협조와 여러 가지 과제들을 융합하는 과정의 필요성을 해소하지는 못한다. 팀이 소규모 목표에 집착하는 것이 오히려 전체의 목표에서 멀어지는 결과를 가져올 수 있고, 팀 사이의 비협조가 조직의 능률을 떨어뜨리게 하기 때문이다.

지점에 있을 때 팀장이라야 고작 2~3명에 불과하지만 팀장들과 회의시간에 이런 대화를 목격한 일이 있었다.

"방카데이은행에서 방카를 집중적으로 홍보하고 추진하는 기간을 지정해 운용하고 있다 하는 동안, 우리가 좀더 지원을 해야 했었는데……, 미안해."

"아, 아니에요, 팀장님이 많이 도와주셔서 정말 큰 힘이 되었어요. 너무 감사해요."

눈시울까지 적셔가며 나누는 팀장들의 대화를 들으면서 팀장들 사이가 이 정도면 성공 못 할 일이 없을 거라고 생각했다.

카드는 카드계에서 잘하고 대출은 대부계에서 잘하면 될 것 같지만 그렇게 되면 망한다. 팀과 부서의 장막을 거두지 않으면 누구든 몰락할 것이다. 전산을 모르는 후선, 일선을 모르는 전산, 후선을 모르는 일선이 모이면 '죽는 길'로 가는 것이다.

사정이 이러한데도 팀과 부서 단위의 결속력을 '팀워크'라고 생각하는 부서 이기주의에 취해 있으면 곤란하다. 그사이 거대조직의 시너지는 사라지고 비효율의 검은 그림자가 조직 전체를 서서히 무너뜨릴지도 모른다.

: 잘하는 일, 못하는 일 :

잘하는 일을 늘리면 80점, 못하는 일을 줄이면 90점이다.

아는 것을 늘리다 보면 아는 것이 많다는 착각에 빠지기 쉽고, 모르는 걸 줄이다 보면 모르는 것이 많다는 것을 깨닫게 되기 때문이다. 점수를 최대한 끌어올리는 입장에서는, 모르는 것이 많다는 비관적인 생각이 아는 것이 많다는 낙관적인 생각보다 효과적이다.

그러나 점수는 회사에서 필요로 하는 가치일 뿐 개인의 편익과는 상관이 없다. 따라서 개인적으로는 누구든 자신이 잘하는 일을 하고 싶어 한다. 부족한 일을 배우고, 채우는 일은 고통이 따르기 때문이다. 이것저것 배우다가 특별히 잘하는 것이 없을 때의 불안감도 있다.

"지금은 전문가의 시대라고 하잖아요?"

"자신만의 주특기를 만들어야 한다고 하는데요?"

물론 틀린 말은 아니지만 일이 세분화되고 특화된 영역에서나 가능한 이야기이다. 영업점을 기준으로, 특히 젊은 시절에는 일을 얕고 넓게 배우는 것이 필요하다. 한 가지 일만 하다가는 아주 뛰어나거나, 아니면 바보가 되기에 십상이다. 자신이 일을 배웠던 것처럼 남에게 가르칠 책임도 있다.

안 해본 일을 배우는 것은 두려움과 고통이 따른다. 더구나 앞에는 손님을 앉혀놓고, 곧바로 금전이 수반되는 일이라 그 중압감은 이루 말할 수가 없다. 하지만 한 번 부딪히고 나면 언제 그랬냐는 듯이 자신감이 하늘을 찌르지만, 그 한 번이 어렵다.

어려운 일이 생기더라도 2일만 고생하면 대체로 해결이 된다. 처음엔 감당 못할 것처럼 보이던 일도 2달만 지나면 몸에 붙는다. 제아무리 난이도 있는 일이라 하더라도 2년만 지나면 전문가가 될 수 있다. 이름하여 2-2-2 법칙이다. 문제는 일이 아니라, 적극적인 마음가짐이다.

인사철만 되면 '해본 사람' 찾는 데 혈안이 된다. 그에 비해 평상시 해본 사람 만드는 데는 소홀하다. 성과 때문이다.

"전에 있던 사무실에서는 어떤 업무를 봤지?"

"네, 카드업무를 봤습니다."

"아, 그럼 대부를 보면 좋겠구먼."

대부분 전에 해본 업무를 시키는 것이 일반적인데, 나는 가능하면 다른 업무를 시키려고 노력했다. 많은 고객으로부터 다양한 요구사항을 처리하는 서비스 직종에서 본다면, 고객의 가려운 곳을 긁어주는 데 유용한 인재는 자신의 부족한 부분을 줄여나가는 사람이라고 할 수 있다.

: 관리형 직원과 추진형 직원 :

대체로 직원들의 성향은 꼼꼼한 스타일의 관리형과 다소 덜렁거리는 추진형 성향으로 나뉜다. 관리형 직원들은 규정과 규칙에 엄격한 편이고 반면에 추진성 업무에 한계를 드러내며, 이성적 판단과 논리적 사고에 능숙하다. 반면 추진형 직원들은 감성적 직관에 의존하는 편이라 고객들과의 관계성이 높은 대신 꼼꼼한 일에 취약하다.

"나는 관리형인가 추진형인가? 아니면, 이도 저도 아닌가?"

이 두 가지 유형을 적절히 가지고 있는 사람은 매우 드물다. 대부분 한쪽으로 치우치기 마련이다. 그래서 늘 2% 부족하다는 말이 나온다. 아쉽지만 어쩔 수 없다.

규모가 큰 사무실에서는 관리형 직원과 추진형 직원이 각각 자신에게 맞는 일을 하면서 서로 견제하는 방식으로 균형을 맞춘다. 하지만 작은 사무실에서는 그렇게 나누어 일할 형편이 못 된다. 적재적소라는 말도 인원이 많을 때나 하는 말이다.

마케팅 쪽은 추진 성향이 강한 직원이, 반면에 관리 성향이 강한 업무는 관리형 직원이 맡으면 그만이지만, 적은 인원으로 성과를 중시하는 요즘은 그런 트렌드가 아니다. 마케팅을 잘하는 사람이 관리도 잘하고, 관리를 잘하는 사람이 마케팅도 잘하는 그야말로 멀티형 인재를 구하는 추세다.

어느 한쪽만 보는 편향된 사고로는 협력이나 조화를 기대하기 어렵고, 자기 입장만 내세우는 고집으로도 조직의 이익을 키우지는 못한다. 전문성에 역행한다고 하겠지만, 추진과 관리가 동시에 가능하고 이해의 폭이 넓어야 사업의 시너지가 생길 수 있다. 단순조립만 하는 제품생산이 아니기 때문이다.

은행의 경쟁력도 결국은 영업능력과 심사능력에 있다고 할 수 있다. 추진형은 영업능력에 가깝고, 관리형은 심사능력에 가까울 것이다. 상대방으로부터 배우고 이해하는 능력 없이, 자기 입장만 내세우는 능력과 안목으로는 은행의 경쟁력을 키우지 못할 것이다. 영업이 심사를 배우고, 심사가 영업을 배우는 은행이 승리할 것이다.

내가 만일 추진형이라면 관리의 능력을 보완해야 할 것이고, 관리형이라면 추진의 능력을 보완해야 할 것이다. 본인이 스스로 노력하지 않는다면 옆에서 도와줘야 한다. 서로 반대의 성향을 이해하고 부족한 것을 배워나갈 때 자신도 회사의 소중한 인적자원으로 커나갈 수 있고, 직장의 인력운용에서도 매력적인 선택이 가능해질 것이다.

간절히 원하면
이루어진다

하이닉스와 거래를 시작하면서 서울 사무실에 자주 드나들게 되었다. 직원들과도 얼굴을 익히게 되고, 제법 가까워졌다. 하지만 실제 업무를 다루는 직원들끼리는 왕래할 기회가 없었으니 얼굴도 모른 채 전화로 일하고 있었다.

그래서 우리 직원들과 그쪽 사무실 직원들과 합동 워크숍을 계획하게 되었다. 대기업 마케팅이라는 것이 주로 골프나 술로 이어지는 것이 보통이지만, 나는 생각이 조금 달랐다. 오히려 밑에 있는 직원들끼리 두터운 신뢰와 믿음의 관계를 갖는 것이 중요하다고 생각했다.

'접대'라고 하는 일방적 관계가 아니라, 서로 간의 동반자 관계를 확대하는 것이 좋겠다는 생각을 늘 하고 있었다. 물론, 상대방의 공감과 동의가 필수적이다. 장소는 양평으로 정하고 용문산 자락의 꽤 이름 있는 산장으로 정했다. 주말에 1박 2일 동안 갖는 행사였다.

우리 직원들도 거래회사 직원들과 처음으로 함께하는 워크숍이라 들뜬 마음으로 준비했다. 그동안 몇 차례 거래처와 함께 송년회, 여행 등을 함께 해왔지만 서울에 있는 직원들과는 처음 있는 일이라 다소 긴장하는 듯했다. 숙소문제, 식사메뉴, 프로그램 등 손님 맞을 준비를 하고, 벽난로에 땔 나무까지 세심하게 챙겼다.

각자 업무를 마치고 도착한 산장은 겨울 저녁 일찌감치 어둠에 파묻혔다. 캠프파이어의 불을 밝히고, 이천의 우리 식구들과 서울 사무소의 식구들이 양평에서 만난 것이다. 준비한 음식으로 배를 채우고 술잔을 기울이며 누군가의 생일축하 노래도 불렀다.

우리의 바람대로 양쪽 직원들은 금세 친해졌다. 산장의 분위기도, 직원들의 어울림도 더 바랄 것이 없을 정도로 무르익어갔다. 거사를 작정한 것이라면 꼭 성공할 것 같은 분위기가 이어졌다. 세상일이 이처럼 계획한 대로 착착 진행되어 간다면 얼마나 좋을까?

그 순간, 캄캄한 밤 산장에 눈이라도 내리면 좋겠다는 욕심이 생겼다. 그 모습은 상상만으로도 환상적이고 대단한 축복이었다. 이렇게 많은 걸 한꺼번에 줄 리가 있겠나. 우리는 예약된 노래방으로 향했다. 양쪽 직원들이 젊은 열기를 마음껏 노래로 뿜어냈다. 예정된 시간이 지나고 밖으로 나오는데 누군가 외쳤다.

"야! 눈 온다."

간절히 원하면 이루어진다더니, 어둠 속에 까맣게 잠겨 있던 산장에는 거짓말처럼 하얀 눈이 내리고 있었다. 이 광경을 어떻게 설명해야하나. 산장 안의 벽난로에서는 마른 참나무 장작이 거침없이 타들어갔고, 산장은 하얗게 눈으로 덮여갔다. 창문 밖으로 쏟아지는 눈을 바라보며 라면 끓는 소리를 들어본 적이 있는가. 양쪽의 직원들은 아직도 그날의 추억을 잊지 못하고 있다.

직원들과의 다양한 경험과 기회를 만들어가는 일은 단지 추억만을 위한 것이 아니었다. 그들이 일하면서 겪게 될 여러 가지 불편요소를 사전에 제거해주고, 전화가 아닌 스킨십을 통해 친숙한 동반자 관계를 만들어주기 위한 것이었다. 처음 거래는 지점장 1인의 원맨쇼로 시작되지만, 거래를 유지하는 과정에서는 직원들의 접촉면을 최대한 넓혀주는 것이 필요하다.

그 후에도 많은 지점장과 직원들이 애쓴 결과, 어떤 대기업 거래점포보다 다양하고 깊숙한 거래를 이어오고 있다. 풍부한 정보를 여러 직원이 공유하게 함으로써 다양한 거래가 장기간에 걸쳐 유지되도록 하는 것이다. 우리의 욕심과 부탁만으로는 그렇게 되지 않는다.

: 웃다가 눈물이 나는 편지 :

어느 날 우리 지점의 팀장이 가방에서 딸이 써준 편지를 꺼내 보여줬다. 집이 멀어서 아침 6시에 나오고 저녁에 퇴근하면 9시, 10시가 훌쩍 넘어, 우리 지점에 온 뒤로는 아이들 얼굴 보기도 어렵다고 했다. 초등학교 2학년 딸이 엄마를 볼 수 없게 되자, 엄마 회사가 실적이 나빠 매우 힘든 것으로 알고 편지를 써준 것이다.

농협에 이 편지를 붙여 놓으면, 편지를 보고 많은 손님이 예금해줄 것이라는 거였다. 맞춤법도 틀리고 내용도 엉뚱하지만 엄마를 생각하는 딸의 마음이 진하게 묻어나는 편지라 보면서 가슴이 뭉클했다. 이 편지를 주변 여러 동료에게 '웃다가 눈물이 나는 편지'라고 소개해서 많은 공감을 얻었다.

내가 우스갯소리로 "직원들을 등쳐먹는다."라는 말을 자주했는데, 이제는 직원들도 모자라 가족까지 동원(?)했다는 생각을 하면서 속으로 웃음을 지었다.

〈웃다가 눈물이 나는 편지〉

안양 농협으로 오세요
안녕하세요. 저희는 안양 농협 은행입니다.
통장이 필요하시다면 꼭 방문해주세요
우리 안양 농협 은행원들이 친절하게 처리해드리겠습니다.
어린이 통장, 적금, 출금통장, 후토스 인형도 있습니다.
어린이들과 어른에게 필요한 게 있으시다면
꼭 우리 안양 농협 은행으로 와주세요
어르신, 어른, 어린이 다 됩니다.
은행이나 농협을 찾으신다면
꼭 우리 안양 농협 은행을 방문해주세요
우리는 안양 농협 은행
언제까지나 도와드리겠습니다.

할아버지, 할머니와 함께 사는 아이라 어르신이라는 표현이 눈에 띈다. 엄마가 다니는 은행을 도우려는 따님의 갸륵한 마음이 통했는지 우리 지점은 종합업적 3연패를 달성했고, 엄마는 금융 지주에서 만든 농협 금융인상의 첫 번째 대상을 받는 영예를 안았다.

: 금융인 대상 :

안양에서 지점장으로 3년째가 되던 해, 우리 지점은 꿈에 그리던 종합업적 '3연패'를 기록했고, 사무실은 '총화상'을 수상하는 영예를 안았다. 나 역시 노동조합에서 주는 '존경하는 상사상'을 수상하는 영광을 얻게 되었다. 꿈만 같은 일이 벌어졌다.

그런데 때마침 금융지주에서는 '금융인상' 제도를 만들어 지주 내에서 훌륭한 직원을 뽑아 시상하는 새로운 시상제도를 만들게 된 것이다. '현장 중심', '성과 중심' 문화를 조직에 뿌리내리려는 지주회장님의 뜻이 담긴 상이었다.

우리 지점에서는 솔직히 더 이상 상에 대해 관심을 보이거나, 욕심을 내기는 어려운 상황이었다. 우리말에 '염치'라는 말이 있지 않은가? 그동안 워낙 훌륭한 상들을 많이 받아놓은 상태였으니, 더 이상은 무리라고 생각했다. 그러나 또 한편, 상은 아니더라도 이런 기회에 훌륭한 직원을 추천하는 것은 '상' 이상의 의미가 있다는 생각이 들었다.

정작 대상이 되는 팀장은 손사래를 쳤다.

"정말이지 저는요, 그런 훌륭한 사람이 아니에요, 그러니 제발 저에게 그런 허명을 씌우지 말아 주세요."

자신은 그런 훌륭한 직원이 못 된다는 것이 이유였다. 상을 받기 위해 애쓰는 사람이 얼마나 많은데 그럴 수 없다며 극구 사양했다. 그럴수록 우리 직원들은 아이디어를 모아 적극적으로 추천서를 준비했다. 그동안 몇 번의 힘든 추천서를 만들어본 경험이 축적되어 쉽게 만들 수 있었다.

딸이 써준 감동의 편지도 넣었고, 고객님들이 보내준 추천 메시지도 사진으로 담았다. 실적보다도 직장과 고객, 동료직원들에 대한 그의 태도와 삶을 싣는 데 공을 들였다. 2년 동안 작성해왔던 '영업일지'는 그만의 '히든카드'였다.

상에는 관심 없다던 그도 직원들이 정성껏 만든 '추천서' 앞에서는 펑펑 눈물을 쏟았다. 상은 못 받아도 직원들이 알아주는 것만으로 충분히 감사하다는 그의 말을 나도 충분히 이해할 수 있었다.

추천서는 경기지역본부를 거쳐 본부에 올라갔고, 은행의 최종 심사를 거쳐 금융 지주에까지 올라갔다. 지주 안에 각 은행, 보험, 증권 등에서 올라온 15명 후보자 안에 들어간 것이다. 애당초 큰 기대를 하지 않았었는데, 사정이 이쯤 되니 엔트리 10명 안에 선정되기를 기대하게되었다. 여기까지 올라온 것도 꿈만 같았다.

'상에 대한 욕심이 지나치다'는 부정적 시각과, 상의 편중을 고려해서 시상에서 제외되는 경우를 걱정했는데 다행히 그런 일은 없었다. 그런 일로 가치가 제대로 평가받지 못하는 일이 생길까 봐 우려했지만, 그 역시 기우에 지나지 않았다.

이윽고 최종 심사를 위한 인터뷰가 시행되었다. 그가 겪은 '성공과 실패'의 얘기는 현장에서 일하는 모든 직원의 얘기였으며, 그가 꾸었던 꿈은 오늘을 사는 모든 직원의 꿈이었다. 모든 사람이 갖고 싶어 하는 희망이었다. 심사위원들 앞에서 현장의 성공과 실패에 담긴 애환을 전하는 데는 부족한 시간이었지만, 눈빛과 가슴으로 전해오는 현장의 감동을 느끼는 데는 충분한 시간이었다.

그 결과 최고의 영예인 '대상'에 선정되었다. 한 사람의 영광일 뿐만 아니라 우리 지점의 모든 직원이 함께 일궈낸 자랑스러운 경사였다.

: 기대보다 더 크게 :

고객이 원하는 것에 못 미치면 '하수', 고객이 원하는 것을 가까스로 맞추면 '중수', 고객이 원하는 것보다 조금 더 해야 '고수'라고 할 수 있다.

"그렇게 조금 더 할 만한 가치가 있습니까?"

"충분히 있다."

우리에게는 거래하는 정도에 따라 상대방의 요구사항에 응답하는 습성이 있다. 대부분 과거부터 현재까지를 그 기준으로 삼는다. 미래는 알 수도 없고 불확실하므로 고려의 대상이 되지 않는다. 간혹 직관을 활용하기도 하지만 극소수일 것이다.

만족은 기대에 비례하는 것이다. 고액거래선에게 특별히 잘해주어도 별반 달라지는 것이 없는 것은 이미 그 정도의 기대를 하고 있기 때문이다. 기대보다 더 크게 해야 효과가 나타난다. 딱 원하는 만큼만 해주면 별문제가 없을 거라고 생각한다면, 우리의 생각에 문제가 있다. 문제는 없을지 몰라도 효과 역시 없기 때문이다.

상대가 일어서서 인사할 거라 기대했다면 현관까지 나가서 인사하고, 또 거기까지 기대하고 있다면 주차장까지, 그것도 모자라면 차가 사라질 때까지, 상대의 기대치보다 조금 더 커야 만족할 것이다.

고액거래선에게 실수할 일은 별로 없다. 이미 충분한 실적이 있고 누구나 알아보고 신경 쓰기 때문이다. 문제는 지금 우리에게 거래가 없다고 해서 소홀하기 쉬운 상대를 대할 때 생긴다. 그쪽에서 굳이 불만을 제기하지 않으면 어떤 문제가 있었는지조차 알지 못한다. 나의 태도에 아무런 문제가 없다고 스스로 판단한다.

상대방의 기대보다 조금 더하는 것은 목표달성에도 있다. 목표달성도 어려운데 조금 더 하는 것이 가능하냐고 할 테지만, 그것은 능력의 문제가 아니라 마음의 문제인 경우가 많다. 100% 하는 것은 능력이지만 조금 더 하는 것은 마음이다. 처음부터 넉넉하게 조금 더 한다는 생각을 갖고 가면 편하다.

스카치테이프로 잘 알려진 '3M'의 한국 사장은 자신이 사장이 된 이유를 이렇게 설명했다.

"회사에서 나에게 컵을 주고 물을 채우라고 하면, 항상 컵에 조금 넘칠 정도로 채웠습니다."

조금 더하면 뭐가 달라지나? 수고에 비해 만족도가 기하급수적으로 올라간다. 조금 더 하는 것을 손해라고 생각한다면 그건 어리석은 판단이다. 생각하지 않은 것을, 기대하지 않은 것을 해주었을 때 비로소 가치가 폭증하는 것이다. 공을 찰 때도 딱 그만큼만 보내려고 하면 대부분 짧게 간다. 넉넉하게 보낸다는 마음이 있어야 가까이 갈 수 있다.

⋮ 스톡옵션 ⋮

회사가 어려울 때 직원들에게 주었던 주식 옵션에 대한 권리 행사 시점이 도래하자, 인수에 필요한 자금을 은행대출로 지원해주기로 하고 우리에게 제안서를 내달라는 요청이 들어왔다. 직원들은 "과거에도 몇 차례 제안요청이 들어온 적이 있었지만, 그때마다 우리는 들러리만 서게 되었다."라는 말을 하면서 제안에 회의적이었다.

그래서 나는 회사의 몇 가지 전제조건을 제시했다. 첫째, 입찰은 인터넷으로 접수하지 않고 과거 방식대로 봉투에 넣어서 하되, 당사자 입회하에 개봉할 것. 둘째, 제안 금리는 금리 이외의 조건은 없는 것으로 간주할 것. 예를 들면 추가 협의 가능, 최저금리보다 0.1% 낮게 등이다.

이러한 조건이 수용되지 않는다면, 나로서는 경쟁 입찰이 무의미하므로, 제안서를 내지 않겠다고 했다. 괜히 들러리서지 않겠다는 뜻을 분명히 밝혔고, 회사도 이를 수용했다. '모처럼 직원들에게 혜택이 돌아가는 일이므로, 일방적으로 주거래 은행 편을 들지는 않겠다.'는 것이었다.

나는 금리 제안을 위해 본부를 찾아갔다. 대출 시 채권의 안전성, 회사 안에서 우리 농협의 역할과 이미지에 대한 우리의 입장, 향후 전략을 소상히 설명했다. 금리 마지노선을 무너뜨리면 전국적인 금리 도미

노 현상이 일어난다는 담당자의 습관적인 우려가 있었지만, 회사 내 특수사정으로 한정 짓겠다고 설득한 끝에, 당시로는 파격적인 금리를 승인받았다.

지점에 돌아온 나는 금리협의가 여의치 않았던 것처럼 시치미를 뚝 떼었다. 제안을 마치고 결과를 기다렸다. 마침내 입찰제안서를 개봉했더니, 다른 은행에서는 그저 형식적으로 제안했고, 예상했던 대로 주거래은행에서는 '추가 협의 가능'이라는 문구를 넣었다. 농협이 주거래은행을 제치고 수백억 규모의 임직원 주식담보 대출 취급은행으로 선정되었다.

회사 안에서는 난리가 났다. 생각보다 거센 후폭풍이 회사 내에 불었다. 회사가 워크아웃기업개선 작업 중이라서 사장님, 전무님 두 분이 모두 주거래 은행 출신이라는 점을 간과했던 것이다.

은행 선정을 주도했던 부서의 책임자들은 동료 직원들에게 유리한 조건을 만들어주려다가 복병을 만나게 되었고, 급하게 나를 찾은 담당 상무가 주거래 은행에서도 농협과 같은 조건으로 취급할 수 있도록 해 달라고 부탁을 했다. 안 된다고 할 수도 있었지만, 그분들의 입장을 고려해서 그렇게 하기로 흔쾌히 승낙했다.

비록 경쟁 입찰에 성공하고도 반씩 나눠서 일을 취급하게 되었지만, 그 일을 계기로 금융기관으로서 농협의 존재감을 회사 내에 부각시킬 수 있었다.

: 영문 여신거래 약정서 :

'스태츠 칩팩'이라는 회사는 반도체를 조립하고 포장하는 회사로, 본사를 싱가포르에 두고 있는 국제기업이었다. 새로운 장비구매에 필요한 자금을 우리의 외화자금으로 이용하기로 하고 필요한 절차를 밟았다. 매출이 연간 8,000억이 넘었고, 인텔 등 굵직한 거래처를 가지고 있었으며, 튼튼한 우량기업이라는 점을 감안해 적극적으로 일을 추진했다.

이전 같으면 아예 우리와 거래하는 것을 생각도 안 했을 텐데, 우리가 대기업과 외환거래를 시작한 뒤라서 그런지 우리와 거래하는 데 전혀 주저하지 않았다. 인정받기까지가 힘들지 한 번 인정을 받고 나면 의외로 일이 순탄하게 풀리는 법이다. 오랜 기간 무명으로 살다가 한번 뜨고 나면 그 후에 승승장구하는 모습을 보게 되는데, 우리가 그런 처지가 되었다.

본부의 심사를 거쳐 100억 정도의 신용장 개설을 추진했다. 하지만 뜻밖의 난관에 봉착했다. 영문으로 된 여신거래 약정서를 싱가포르에 보내달라는 것이었다. 법인이 대출을 받을 때는 이사회 결의서가 필요한데, 이사회를 할 때 그 은행의 여신거래 약정서가 필요하다는 것이었다.

처음에는 대수롭지 않게 생각했는데, 본부에 알아보니 우리에겐 영문으로 된 약정서가 없다는 것이다.

"그게 왜 필요하죠?"

"외국기업에서 이사회 결의를 하는 데 필요하답니다."

"지금까지, 그런 걸 요구하는 데가 한 군데도 없어서……. 앞에 전문을 번역해놓은 것은 있습니다. 별로 쓰이질 않아서요."

아! 이런 낭패가……. 없다고 할 수도 없고, 한글로 보낼 수도 없는 일이었다. 번역을 의뢰할까도 생각해봤지만 금융 관련 전문용어가 따로 있어 부담스러웠다. 하는 수 없이 전에 해왔던 다른 은행의 자료를 참고해보기로 했다. 순서만 다를 뿐 대체로 내용이 비슷했다. 약정서의 내용을 영문으로 직접(?) 작성해 보내주었다.

2주일 후 이사회 결의서가 도착했고, 일은 순탄하게 진행되었다. 사상 처음으로 싱가포르 투자청이 주인으로 있던 외국계 회사와 100억 원 규모의 유산스_{기한부 신용장}를 신규 개설했다.

: 내 맘 같지 않아요 :

"내 맘 같지 않아요."

내가 만나는 지점장들에게서 공통으로 들을 수 있는 말이다. 나라면 지금 이 순간 이렇게 하고 싶은데 실제는 그렇지 않다는 뜻이다.

나는 그들과 무엇이 다른가?

우선 직책이 다르다. 직책이 다르면 입장이 다르고 입장이 다르니 마음도 달라진다. 그러나 직책을 바꿀 수는 없다. 똑같게 할 수도 없다. 직책이 다르더라도 입장이 같을 수는 없는가. 입장이 조금 다르더라도 마음이 같을 수는 없는가. 우리는 그 점에 주목할 수밖에 없다.

사실 직책이 다르더라도 입장이 달라야 할 이유는 확실하지 않다. 서 있는 위치는 조금 다르지만 한 공간에 있으니 같은 입장이라 여길 수 있고, 어차피 나중에는 내가 갈 자리니까 굳이 입장을 달리할 이유가 없다. 그러나 애석하게도 우리는 한 공간 안에서 서로 다른 목표를 가지고 서로 다른 방향을 향해 가고 있다.

내 맘 같지 않은 이유를 몇 가지 살펴보면, 첫째는 서로의 꿈이 다르기 때문이다. 꿈을 공유할 수 있다면 훨씬 서로의 입장을 이해하는 데 도움이 되었을 텐데 서로가 처한 환경이 다르니 그것도 어쩔 수 없다. 제아무리 옆에서 꿈을 심어주려 해도 결국 꿈은 자기가 꾸는 것이다.

다음은 서로 얼마만큼 솔직할 수 있느냐의 문제다. 서로에게 솔직하지 않으면 따라가기가 싫다. 솔직하면 가까워지고, 숨기면 멀어진다. 소통되지 않는다고 생각될 때, '솔직했는가.' 되돌아봐야 한다고 누군가 말했다. 하지만 아무리 솔직하다 한들 모든 사람과 모든 걸 털어놓고 모든 걸 공유할 수는 없는 것이다.

꿈과 솔직함에 문제가 있다는 것은 알 수 있지만 그걸 해결할 방법은 마땅치 않다. 능력이야 시간을 필요로 하는 문제라지만, 마음을 달리 먹는다는 건 또 다른 문제다.

내 맘 같지 않다는 말은, 나와 멀리 떨어져 있다는 말이다. 단체사진을 찍어보면 나와 떨어진 곳에 있을 것이다. 꿈과 솔직함의 문제에 대해서 어쩔 수 없다고 앞에서 얘기했지만, 그러나 어쩌겠는가. 지점장의 꿈을 위해 그들의 능력을 활용하는 노력 이전에, 그들의 꿈을 키워주기 위한 노력을 먼저 보여주고, 솔직한 자세로 다가가야 할 것이다.

직원들이 지점장의 그런 모습을 보고 느낄 때, 지점장은 내 맘처럼 일해주는 직원들의 수가 늘어나는 모습을 볼 수 있으리라. "내 맘 같지 않아요."라는 말 대신에 "우리 사무실엔 나보다 한술 더 뜨는 직원들이 많아요."라는 말을 하게 될 것이다.

: 베푸는 욕심 :

제아무리 사람들이 몰려와서 물건을 사려고 해도, 주인이 의욕이 없다면 사람들은 다시 오지 않을 것이다. 귀찮아하는 주인의 모습을 보고 싶어 하는 손님은 없다. 하지만 의욕은 욕심으로 비춰지는 경우가 있으니 주의해야 한다.

건강한 욕심이 필요하다. 대부분 일을 잘하는 사람들은 욕심이 많다. 그래서 다른 사람보다 성과를 잘 내기도 하지만, 욕심 때문에 주변 동료와 고객을 잃기도 한다. 의욕이 없으면 일이 안 되고, 의욕이 넘치면 문제를 제대로 파악하지 못해 커다란 실수를 범하기도 한다.

일도 잘하고 주위로부터 인기도 얻을 수 있는 건강하고 바람직한 욕심을, 나는 '베푸는 욕심'이라고 부른다. 남을 위해 베푸는 욕심이라야 명분이 있다. 당장은 실리가 떨어져 보이지만 길게 보면 그것이 성공의 지름길이다. 혼자 잘해서 성공하는 경우가 과연 얼마나 되는가. 전부 남들이 도와줘서 된다고 보면 맞다.

"베풀면 욕심이 아니죠?"

"건강한 욕심입니다."

회사를 키우는 일은 욕심이고, 세금을 내고 종업원을 지켜내고 사회 공헌에 참여하는 것은 베푸는 일이다. 작은 사무실 안에서도 욕심을 갖는 일과 베푸는 일이 다 같이 존재한다.

간혹, "나는 욕심이 없어. 꼴찌만 하지 않고, 대책보고만 안 하면 돼." 라고 말하는 사람도 있다. 나는 그것을 욕심이 없는 것이 아니라 '치사한 욕심'을 가지고 있다고 말한다.

영업점 마케팅은 대부분 주변 동료들의 헌신과 도움이 있어야 가능한 것이다. 그래서 잘하는 직원들에게 상을 주거나 칭찬을 할 때, 이점을 누차 강조했다. 넓게는 회사의 브랜드, 상품에서부터 광고에 이르기까지, 좁게는 뒤의 책임자와 동료, 전에 근무했던 사람까지 누구의 도움도 받지 않고 혼자서 이루는 성과는 없다고 본다.

모든 직원이 추진만 한다고 성과를 내는 것도 아니다. 누군가는 거래를 도와주고, CD기를 관리해주고, 동전을 바꿔주는 가운데 자신의 솜씨와 능력을 발휘하게 된다. 개인의 탁월한 솜씨와 능력이 성과를 내는 데 커다란 역할을 하는 것은 맞지만, 주변 동료들과의 관계가 엉클어지면 성공 확률도 떨어지고, 성공한다 해도 기분이 좋아지지 않는다. 그래서 신이 나지 않는다.

스스로 작은 이익에 연연하지 않고 베푸는 마음을 가져야 더 큰 성공의 기쁨을 가져올 수 있다.

: 정현정 정신 :

분당 한 복판에 있는 서현 지점에는 까칠한 고객들이 많기로 소문나 있다. 소득 수준도 높고 개인주의가 발달해 있는 동네라서 그럴 것이다. 당연히 각종 민원에 직원들이 시달릴까 봐 항상 주의하고 있었다. 그래서 상품을 권유하다가도 고객이 싫어하는 눈치를 보이면 더 이상 진전시키지 못하고 포기하는 일이 많았는데, 유독 정현정 과장만은 예외였다.

"다른 카드가 있으시다고요?"

"네."

"그러면 고객님 비과세 상품에는 관심이 없으신가요?"

"오늘 시간이 없어서……."

"그러시면 다음에 오셨을 때 설명해드리기로 하고, 청약저축이나 하나 가입하고 가시죠."

"다음에 할게요."

"다음에 꼭 하셔야 돼요. 이거는 비과세 상품 안내장인데 가져가서 한번 보세요."

그야말로 막무가내식으로 설명을 하다 안 되면 다른 것으로 옮겨 가면서 고객에게 유리한 상품을 찾아 설명한다. 이런 불굴의 정신이 사무실 동료들 사이에 정평이 나 있다. 그래서 동료들이 지어준 이름이 '정현정 정신'이다. 창구 마케팅이 점점 어려워지고 있는 요즘도 '정현정 정신'을 배우고 살리지 않으면 다른 방법이 없노라고 저마다 얘기한다.

한번은 너무 권유를 많이 한다고 고객님이 항의했을 정도다. 대부분의 직원들이 상대방의 표정 하나에도 쉽게 상처받고, 얘기조차 꺼내기 힘들어한다. 또 말했다가 거절당할 때 무척 무안해한다. 그 직원이라고 그런 걸 느끼지 못하는 건 아니련만 웬만한 자극에는 좀처럼 흔들리지 않고 돌진한다.

그런 씩씩한 모습에 우리직원들은 대리 만족을 느낀다. 실적을 많이 올려서가 아니라, 굴하지 않고 당당하게 앞으로 나가는 모습이 우리들에게 용기를 주고 새로운 활력소가 되었다. 자기 실적을 위해서라면 그렇게 못 했을 것이다. '고객에게 필요하고 유익하다'는 신념이 있지 않고서야 저렇게 굴하지 않고 계속 이어나갈 수가 없다.

너무 열심히 한다거나 혼자서만 앞서나가면 다른 사람들의 시샘을 받을 수도 있는데, '정현정 정신'은 모든 사람이 부러워했다. 그리고 격려했다. 고객들도 그녀의 끈기 앞에서는 무너지고 만다.

: 진드기 같은 고객관리 :

철길 건너편 아파트에 자동화 코너를 설치한 뒤, 주민들에게 생색도 내고 신규거래 고객을 확보할 요량으로 아파트 부녀회를 통해 단체행사를 추진했다. 농협의 대표 홍삼제조 업체인 '한삼인' 공장견학을 하고 할인된 가격으로 제품을 구매할 수 있도록 하는 행사였다. 행사를 통해 지역주민들과 친숙해지고, 농협의 역할을 홍보하는 마케팅 전략의 일환이기도 했다.

"농협에서도 이렇게 값싸고 질 좋은 홍삼제품을 생산한다는 사실을 처음 알았어요. 저희를 위해 좋은 기회를 만들어주셔서 감사합니다."

그날 견학 일정에는 우리 지점의 최고 미남인 부지점장이 수행했다. 노래도 부르고, 인기가 최고였다고 한다.

얼마 후 그분들은 또다시 우리 지점의 저축상품 홍보행사에 초대되었다. 농협의 특색사업이라고 할 수 있는 값싸고 질 좋은 농산물을 만나는 기회를 제공했다.

곧이어 '재테크'와 '절세' 관련 고객세미나에도 그분들이 초대되었다. 한 번 시작된 프로그램이 연속적으로 진행되었다. 이런 근성이 직원들에게 그대로 묻어나, 어떤 사장님은 내 앞에서 투정 어린 말을 하기도 했다.

"아이고, 여기 직원들은 진드기 같아! 한 번 물면 놓칠 않아요."

직원들의 그런 끈질긴 근성과 조직적인 활동이 안양 1번가 지점의 3연패를 만드는 근간이 되었던 것이다.

: 인터넷뱅킹 박사 :

인복이 있다고 할 만큼 내 옆에는 그동안 훌륭한 직원들이 참 많았다. 그중에서도 마지막 지점장을 할 때 '지윤경'이라는 친구는 PT 실력으로 일하는 동안 나를 많이 도와줬다. 사무지원 능력이 있어도 센스가 없으면 쉽지 않은 일들을 척척 해내곤 해서 많은 도움이 되었다.

2년 기한이 만료되고 지금은 지역농협에 취직해 직장생활을 잘하고 있다. 얼마 전 문자 한 통을 받았다.

"부행장님 덕분에 저 인터넷 뱅킹 박사 됐어요."

자기 이름과 순위가 인쇄된 문서 사진도 함께 보내왔다. 인터넷 뱅킹 우수직원 명단에 이름이 오르고 자신을 박사로 불렀다. 그것을 나 때문이라고 말하는 데는 이유가 있다.

그 직원은 나와 함께 있는 동안 창구에 오는 고객들을 대상으로 모바일 뱅킹 업무를 도와주는 일을 많이 했다. 자기가 할 일도 아니건만 임무를 주면 일을 창의적으로 센스 있게 처리했다. 시간이 흐른 뒤 지금은 어엿한 솜씨를 발휘하고 있다. 세상에 공짜는 없다. 나중에 이렇게 도움이 될 줄 누가 알았나.

같이 있을 때는, 고객 등급을 상향시키는 데 유용한 '앱'을 만들어 경진대회에 출품하는 등 재주를 보이더니, 과거의 경험을 살려 솜씨를 나타내는 모습이 기특하기 짝이 없다. 앞으로 인터넷 뱅킹뿐 아니라 다른 분야의 박사도 될 것이라 믿는다.

Chapter 5

우리에게
희망은 있는가

내 생애
최고의 칭찬

내가 들은 여러 가지 칭찬 중에서 가장 마음에 드는 것 하나를 고르라고 한다면, 나는 서슴없이 이 말을 꼽고 싶다.

"당신이 우리들의 미래였으면 좋겠습니다!"

과연 내가 그럴 수 있을 만큼 모범적이고 훌륭한 삶을 살았는지는 모르겠다. 아니, 그렇지는 않을 것이다. 하지만 후배들에게서 "저 사람처럼 되고 싶다."는 말을 듣게 된다면, 그보다 더 나를 전율케 하는 다른 말은 없을 것이다. 상대방에게 존중받는다는 것, 다른 사람들로부터 존경받는다는 것만큼 기분 좋은 일이 또 어디 있겠는가.

다음은 2014년 '존경하는 상사상'을 추천한 직원들이 작성한 글의 내용 중 일부다.

추진력 –

- 업무지식이 부족한 직원들을 직접 교육하면서 발로 뛰는 외부영업을 시작, 하이닉스 기업거래를 처음 시작한 장본인
- 누구보다 앞장서서 발로 뛰고, 인근 기업체 상가를 일일이 방문, 고객이 필요한 게 무엇인지 알고 찾아서 도와줌

업무능력 –

- 금융업무 전반에 대한 지식 및 경험이 풍부하여 연고가 없는 기업을 방문해 새로운 거래처를 직접 발굴
- 기업여신, 외환업무를 전국 최고의 업적우수 사무소로 만듦

방향제시 –

- 우리 모두 어느 곳으로 가야 할지 방향을 제시해주고 이끌어주는 카리스마 짱
- 냉철한 분석력과 판단력으로 험난한 바닷가에 표류 중인 돛단배(나)에 나아갈 방향을 제시

동기부여 –

- 애로사항을 경청하며 직원들이 우러나서 자발적으로 일할 수 있도록 만듦
- 실천 가능한 목표를 설정, 직원들이 즐겁게 업무를 추진하도록 만듦

아이디어 –

- 독창적인 아이디어로 두려움 없이 새로운 길을 나섬

- 늘 새로운 환경에 맞는 아이디어를 만들어내는 열정

친근감 –

- 툭툭 던지는 유머로 직원들과 격의 없는 대화 이끔
- 표정을 살펴, 직원들의 마음을 먼저 헤아려주는 아빠 같은 지점장

: 닉네임과 이름값 :

몇 군데 지점을 거치면서 올린 성과로, 듣기에도 과분하고 과장된 닉네임을 얻게 되었다. '추진의 신', '영업의 달인', '마케팅의 귀재', '지점장의 교과서' 이런 것이다. 과거의 중간 책임자 시절에는 '아이디어 뱅크'라는 말도 들었다. 누가 들어도 버거운 이름이다. 이름값을 해야 한다는 부담과 남들이 알아주고 있다는 자부심이 동시에 다가온다.

잘한다 잘한다 하면, 진짜 잘한다. 첫 번째 지점장을 3년 하는 동안 우리 직원들이 받은 표창이 무려 67개로, 기네스 감이었다. 그래서 붙은 또 하나의 별명이 '상 제조기'다. 사람이 이름을 만들고, 이름이 사람을 만든다.

어느 분야에서나 이름이 알려지면 별로 노력하지 않았는데도 그 명성을 듣고 찾아오는 고객이 있기 마련이다. 안양에 있을 때는 어느 자동차 부품 수출회사 사장이 '거래할 만한 지점장'을 추천받아 내게 찾아온 적이 있다. 명성을 쌓기가 어렵지 한 번 명성을 얻으면 저절로 되는 일들이 많아진다.

금리나 상품조건을 협상하는 과정에서 고객들은 그 일에 익숙한 사람과 거래하고 싶어 한다. 기업체 여신거래는 같은 업종이나 지인의 소개로 '소개영업'이 활발하게 이루어지는 영역이다. 경력이 쌓이고 명성을 얻게 되면 힘들이지 않고도 거래처가 생기기도 한다.

: 아이디어 뱅크 :

직원에서 책임자에 이르기까지 그동안 생활하면서 주위사람들로부터 많이 들었던 말 중에 하나가 아이디어가 많다는 이야기였다.

아이디어가 많다는 게 솔직히 무슨 뜻인지 잘 모르겠다. 사전적 의미로 아이디어란 '어떤 일에 대한 구상'이라고 되어 있다. 왠지 잔꾀가 많다거나, 삐딱하다는 뉘앙스가 느껴진다. 성실하다거나 열심히 한다는 말과도 조금 다르게 느껴진다.

내가 생각하는 아이디어란, '애정'과 '문제의식' 이 두 가지에서 시작된다. 공과금 자동이체, 학교거래 전담창구, 이동식 빠른 창구, 이런 일들도 이용하는 사람들의 불편함에 대한 진지한 애정 없이는 탄생될 수 없었다. 고객과 직원들을 이해하고 배려하려는 마음 없이는 불가능하다는 이야기다.

'문제의식'이 아이디어의 또 다른 원천이 아닌가 싶다. 지금과 같은 방식 말고, 다른 방식은 없을까? 좀 더 쉽게 하는 방법이 없을까? 끊임없이 제기하는 문제의식이 새로운 방법을 찾아내는 아이디어의 원천이 되는 것이다.

"어떻게 그런 기발한 생각을 했지?"

양파를 나눠주며 쌀을 팔고 있는 모습을 보고 누군가 말했지만, 나는 그것을 기발함으로 표현하기에는 뭔가 좀 부족하다고 생각한다. 농산물을 생산하고 판매하는 수고에 대한 애정이나, 양파가격이 떨어진다고 사다가 그냥 나눠주는 것에 대한 문제제기 없이, 기발함만으로 설명하기는 어렵다는 말을 하고 싶은 것이다.

아이디어란 어느 순간 스치고 지나가는 기발함이 아니라, 상황을 정확하게 인지하고 꾸준히 그 속에 몰입하는 과정에서 탄생하는 것이라고 믿고 싶다. 물론 생각이야 어느 순간 퍼뜩 떠오르겠지만……

누군가 일본에서, 태풍으로 떨어진 사과를 '합격 사과'라고 하여 비싼 값에 팔았다는 이야기를 듣고, 그건 아이디어라고 하기보다 농사지은 사람이 가지는 '사과에 대한 애정'이라고 생각했던 것도 같은 맥락이다. 일에 대한 애정과 문제의식 없이는 아이디어도 없다.

: 존경하는 상사상 :

직원들이 나도 모르는 사이 나를 '존경하는 상사상' 후보로 추천한 덕에, 노동조합에서 매년 전국의 단 한 명 지점장에게 수여하는 '직원들이 주는 상'을 받게 되었다. 일 잘한다고 주는 상이야 그동안 숱하게 받아왔지만, '직원들이 주는 상'은 난생 처음이라 감격스러웠다.

성과를 잘 내는 사무소장들은 대체로 직원들과 사이가 안 좋을 수밖에 없다고들 한다. 나는 업적으로 3연패를 한 사람이니 직원들과의 관계가 거의 끝장이 나 있어야 할 판인데, 직원들로부터 '존경하는 상사상'을 받게 되었으니 얼마나 놀랍고 행복한 일인가?

그동안 나 때문에 힘들고 어려운 일도 많았을 텐데 어느 틈에 이런 상을 추천하고, 전국에서 단 한 명의 지점장에게 준다는 상을 내가 받게 되었다니 도무지 납득이 가지 않는다. 상을 심사하기 위한 추천서는 상의 무게만큼 두꺼웠다. 어릴 때 보았던 〈전과〉보다 두꺼운 추천서를 일하는 중간 중간 만들었다니 그저 놀라울 뿐이다.

노동조합에서는 세 명의 심사위원이 현장 확인 차 우리사무소에 나왔다. 후보자 추천서에 나와 있는 내용을 최종 확인하고, 나에 대한 평판을 직원들에게 개인별로 일일이 알아보기 위해서였다. 나에게 먼저 퇴근을 부탁하고, 직원 한 명씩 개별면담을 했다.

그때 직원들에게, 지점장에 대해서 좋은 점만 말하지 말고 안 좋은 것도 말하라고 하자, 일부 어린 직원들이 울컥했다고 한다. 그 모습에 점검 왔던 노동조합 간부들이 당황스러웠던 모양이다.

"도대체 직원들에게 무슨 짓을 하셨기에 직원들이 울기까지 하나요? 여기가 북한도 아니고……."

일을 마치고 우리 직원들과 예정에 없던 회식을 하는 자리에서 "여기 지점장님은 참 복이 많으신 분 같다."고 말하자, 우리 직원들이 "그게 아니라, 우리들이 복이 많은 거예요." 이렇게 말하며 깔깔 웃더라는 이야기도 들려주었다.

그분들 말처럼 내가 참 복이 많은 사람이다. 부하직원들에게 존경받으면서, 실적을 올리는 일이 가능하다는 것이 참으로 복된 일이다. 농협은행 역사에 길이 남기고 싶다.

직원들에게서 상을 전달받는 자리에서, 분위기를 잡으면 나도 좋은 자리에서 울어버릴 것 같아 농담처럼 이런 말밖에 할 수가 없었다.

"이렇게 상까지 받을 줄 알았더라면, 여러분들에게 좀 더 잘해줄 걸 그랬다."

"하하하……."

직원들이 나에게 해준 걸 생각하면, 내가 직원들에게 베푼 것이 턱 없이 부족했다. 그동안 나 몰래 숨기면서 만들었던 두툼한 추천서를 보자기에 꽁꽁 싸맨 채 전달받았다. 지금 같이 근무하고 있는 직원들뿐만 아니라, 20년 전에 같이 근무했던 직원들의 추천서까지 담겨 있었다.

그 안에는 지난 세월 직원들과 일하면서, 놀면서 보낸 시간들이 고스란히 담겨 있었다. 일 잘하는 상사 소리는 들을 수 있을지 몰라도, 존경하는 상사 소리는 천만 뜻밖이었다. 그 해 연말 인사에 부행장으로 발탁된 것도 사실은 직원들이 만들어준 것이나 다름없었다. 우리 직원들이 모든 은행원들의 꿈이라고 할 수 있는 '별'을 나에게 달아준 것이다.

다음은 떠난 뒤에 직원이 보내준 편지 속에 담겨진 글의 일부다.

지점장님께서는 전생에 나라를 구하셨는지 참 복이 많으신 분인 것 같습니다. 상, 명예 그런 것들 때문이 아닙니다. 같이 근무하는 후배직원들이 진심으로 믿고 따르고, 마음속 깊은 곳에서 우러나 존경하는 상사는 정말 흔치 않은데, 직원들이 생각하고 행동하는 것을 보면 직원들이 지점장님을 진심으로 존경하는 상사로 생각하는 것 같습니다…〈중략〉

: 지점장의 핵심역량 :

- 역량을 기반으로 하는 리더십
- 유머감각과 적당한 센스
- 정확한 분석력과 추진전략
- 사무소장의 강한 의지

안양 1번가 지점에 있을 때 직원들에게 나의 장점에 관한 설문조사를 실시했다. 직원들이 나의 어떤 점을 평가하는지 궁금하기도 했고, 사례발표를 할 때 나의 생각과 주장에 대한 객관성을 높이기 위해서이기도 했다. 다음은 많이 나온 결과를 정리한 내용이다.

역량을 기반으로 하는 리더십 _ 직원들의 통합과 열정을 이끌어낸다.

지점장의 역량은 우선 '기반사업에 대한 프로세스를 지점장이 어느 정도 꿰고 있느냐' 하는 문제다. 수신, 여신, 외환 등의 업무는 사업의 근간이 되고, 손익의 원천을 가져다주는 은행의 기반사업이다. 전략사업, 부대사업 등과 비교되는 의미로 사용된다. 이런 은행경영의 핵심이 되는 기반사업에 대한 이해와 접근 능력이 직원들의 통합된 움직임과 열정을 이끌어 내는 데 많은 도움을 준다는 것이다.

유머감각과 적당한 센스 _ 분위기를 유화시키고 팀원 간 화합의 원동력이 된다.

다음에 필요한 역량으로 유머감각을 꼽았다. 딱딱하고 건조한 일도 부드럽고 센스 있게 분위기를 만들면, 직원들이 열광한다. 웃겨달라는 것이 아니라 그런 리더의 감각과 분위기를 갈망하는 것이다. 감각과 센스 있는 지도자를 만나는 것이 시대의 염원이 되었다.

혼자 웃기려고 애쓸 필요는 없다. 남이 하는 유머를 알아들으면 되고 웃어주면 그만이다. 대체로 유머라 함은 상대의 마음을 읽는 능력과 비례한다. 상대의 마음을 읽는 능력이 있어야 상대를 리드할 수 있다. 별로 잘못한 것도 없는데 직원들이 따르지 않는다면 이 부분을 점검해 보아야 할 것이다.

정확한 분석력과 추진전략 _ 일의 핵심을 짚어주고 명확한 방향을 제시

일에 대한 분석과 전략을 세우는 일은 현업에 바쁜 직원들이 손 댈 수가 없다. 가끔 지점장이 자료를 분석하고 전략을 설명하면 직원들은 놀라워한다. 시켜서 할 사람이 없으니 하는 수 없이 손수 하는 것뿐이다. 원리를 모르고 결과만 송출하는 요즘 친구들에게는 제법 의미 있는 과정이다.

그러나 그런 일들도 분석을 위한 분석이 되거나, 검증이 불가능한 전략이면 안 하느니만 못하다. 실용적인 필요성이 입증될 때 의미가 있다. 핵심적인 것 한두 가지로도 실력을 인정받으면 호응이 높아진다. 당연한 이야기지만, 젊은 직원들은 실력이 없어 보이는 상급자를 곧잘 무시하곤 한다.

사무소장의 강한 의지 _ 직원들에게 강한 믿음과 동기부여

사무소장이 목표를 이루고자 하는 강한 의지를 가지고 있느냐, 그렇지 않느냐에 따라서 직원들의 의지도 매우 달라진다. 의지가 강한 지도자는 끝까지 간다는 믿음을 주기 때문에 구성원들이 믿고 의지하는 마음도 생기게 마련이다.

지도자가 나약해 보이면 구성원들도 확실한 목표를 세우기 어렵다. 이러다 말 것이라는 걸 알기 때문이다. 흐지부지하고 마는 경험을 하게 되면, 조직은 '하는 척하다 마는 일'에 금방 익숙해질 것이다.

상대를 진심으로 생각하는 마음

： 좋아해야 일이 된다 ：

　세상의 모든 일들이 이성적, 논리적인 이유만으로 결정되지 않는다. 비이성적이거나 감성적인 이유로 결정되는 일이 많다. 특히 마케팅에서는 감성적 요소가 크게 작용한다. 그래서 얼굴을 보고 하는 거래에서는 상품을 판매하거나 전달하는 사람에 대한 호불호가 구매의사를 결정하는 데 크게 작용한다.

　그것은 판매하는 사람과 구매하는 사람 사이에서만 생기는 것이 아니라 주인과 종업원 사이, 상급자와 하급자 사이에서도 발생한다. 그에 따라 경영 성과도 달라진다. 그런 연유를 덮어둔 채 종업원의 정신자세만 탓하는 경영자는 곧 어려움에 직면할 것이다. 일의 효율성이나 관리만을 연구해봐야 답이 나오지 않는다. 심지어 학교에서 공부하는 학생조차도 좋아하는 선생님의 과목을 더 열심히 공부하지 않는가.

어떻게 해야 할까?

매력을 키워야 한다. 잘생기면 좋겠지만 누구나 그럴 수는 없는 일이다. 성격을 좋게 하든, 옷을 잘 입든, 사람들이 좋아하는 짓을 많이 해야 한다. 매력이 있어야 사람이 따르고, 그래야만 사람들을 움직여서 성과도 높일 수 있다.

각자가 봉급 받고 자기 일 하는 건데 매력은 무슨 매력이냐고 할 사람이 있을지 모르나, '매력에 따라 성과가 달라진다.'는 사실만은 분명하다.

매력이 온통 잘나고 잘생긴 것만 말하는 것은 아니다. 일하는 모습, 마음 씀씀이, 온갖 것이 다 매력일 수 있다. 그중에 어떤 것이든 잘 가꾸고 단련시키는 노력이 필요할 것이다.

같이 일했던 직원에게 나는 이런 질문을 한 적이 있다.

"그때, 왜 그렇게 열심히 일했어?"

"사실, 저는요, 신규직원이었고, 1등 이런 거는 솔직히 관심이 없었어요. 다만, 지점장님이 좋아서, 지점장님이 하고 싶어 하는 일들을 최대한 돕고 싶은 마음이 컸던 것 같아요."

일을 하는 데도 때로는 감성적인 이유가 논리적인 근거를 넘어선다. 상품을 사고파는 데도 마찬가지다. 그래서 손님들이 좋아하는 직원들의 업무성과가 비교적 높은 것이다.

좋아하면 따지지 않는다

사람이 싫으면 그가 하는 모든 것이 싫다. 사춘기 시절 나는 아버지를 미워한 적이 있었는데, 아버지가 좋아하는 콩나물밥조차 싫어했다. 반대로 누군가를 좋아하게 되면 따지지도 않고, 그가 하는 말과 행동을 따라 하게 된다. 직원들도 의사표현을 할 때 좋아하는 사람에게 동조하는 경향이 뚜렷하다.

야유회를 갈 때 "송추나 일영 어디로 갈까? 투표를 해보자."하면, 일영이나 송추 중 어디가 좋은가를 생각하는 게 아니라 자기가 좋아하는 사람이 어디를 택했는지를 보게 된다. 우리가 누군가의 말이 귀에 들어오지 않을 때는 그의 말이 틀려서가 아니라, 그가 싫기 때문이다. 우리 아이들이 내 말을 듣지 않을 때도 내 말이 틀렸기 때문이 아니라, 나를 별로 좋아하지 않았기 때문일 것이다.

마케팅에서도, 가격이나 기능에 큰 차이가 없는 한 좋아하는 사람을 찾게 된다. 금융서비스 분야에서는 더 그렇다. 옳고 그름의 문제가 아니라, 좋으냐 싫으냐의 문제다. 그러니 마케팅을 잘하기 위해서는, 상대방 또는 직원들에게 호감을 갖도록 해야 한다. 그래야 성공 확률이 높다. 좋아하면 따지지 않는다.

비슷하면 좋아진다

달라서 좋아하는 경우도 있지만 비슷해서 좋아지는 일이 많다. 관심사나 생각, 고향이나 취미 등 비슷한 것이 있을 때 급속하게 가까워지는 경우를 보게 된다. 비슷하면 좋아지고, 좋아지면 비슷해진다.

방송프로그램 중에 〈히든 싱어〉 라는 프로그램이 있다. 거기 나오는 모창 능력이 뛰어난 사람들의 한결 같은 공통점이 원곡 가수를 무척 좋아한다는 것이다. 비슷해서 좋아진 것인지, 좋아해서 비슷해진 것인지 자세히 알 수는 없지만, 비슷하면 좋아지는 건 확실한 것이다.

"저도 아이가 셋인데요." "저도 17층 살아요." "저희 언니도 47살이에요."

이렇게 비슷한 걸 찾으면 얼마든지 나온다. 비슷하면 좋아진다.

술 때문에 무슨 일이 되려다가도 안 될 것 같다는 생각을 수없이 했다. 그러다 나처럼 술을 한 방울도 못하는 분을 만난 적이 있다. 그때 이후 지금까지 가깝게 지내는 분이기도 하다. 아마도 술을 못하는 비슷한 점 때문에 가까워진 것 같다. 물론 배울 점도 많고 좋은 분이지만, 술을 못하는 공통점이 우리를 더 가깝게 만든 것이다.

: 자신감과 교만함의 차이 :

얼핏 두 가지는 비슷하게 보인다. 자신 있다는 것과 교만하다는 것은 어떤 차이가 있을까? 사전에 형성된 선입견 때문에, 같은 것을 두고 어떤 사람은 자신감 넘치는 것으로 볼 수도 있고, 어떤 사람은 교만하다고 볼 수도 있을 것이다. 두 가지를 명확하게 구분할 수 있는 결정적인 기준은 무엇일까?

나는 그것을 타인에 대한 배려가 있느냐 없느냐의 차이라고 본다. 즉 타인에 대한 배려가 있으면 자신감, 그것이 빠지면 교만함인 것이다. 뿐만 아니라, 겸손함과 비굴함도 마찬가지다. 타인에 대한 배려가 있으면 겸손함으로 나타나고, 비슷한 경우이지만 타인에 대한 배려가 없으면 비굴함으로 비춰질 것이다.

모질게 경쟁하는 풍토 속에서 배려라는 따뜻한 단어가 어색하게 느껴지기도 하지만, 배려가 없는 삭막한 사회를 상상해보면 그것의 존귀함을 이내 알 수 있다. 약자와 소수를 배려하지 않는 집단이라면 인간이 짐승과 무슨 차이가 있겠는가. 굳이 약자가 아니더라도 타인에 대한 배려가 깃든 공간에 아름다움이 싹트는 것이다.

배려는 베푸는 사람 몫이라기보다는 받는 사람 몫이다. 일하는 곳에서, 심지어 노는 곳에서조차 우리들은 상대방의 배려를 느끼게 된다. 느끼는 순간과 느끼지 못하는 순간은 하늘과 땅만큼 차이가 난다. 진심으로 상대를 생각하는 마음이 필요하다.

태도에 있어서 가장 중요한 덕목이라고 할 수 있는 자신감과 겸손함이란 그 안에 타인에 대한 '배려가 있느냐 없느냐'에 따라 전혀 다른 결과를 가져올 수 있으니 상대방의 입장에서 항상 주의 깊게 살펴보는 지혜가 필요하다.

: 거래처와 함께 한 송년회 :

우리 지점에는 필요할 때마다 소소한 도움을 주었던 조그마한 거래처가 하나 있었다. 종업원 수가 많을 때는 시간제 근로자를 포함하여 한 300명 가까이 되었는데, 회사의 실무책임자가 업무를 보기 위해 우리 지점에 자주 드나들면서, 직원들과도 가까운 사이가 되었다.

연도 말 실적마감을 앞두고 퇴직연금 추진이 절실했다. 진부터 얘기가 있어 오던 중 연말에는 그 회사의 간부직원들과 우리직원들이 송년회를 함께 하기로 했다. 장소는 양평의 북한강 옆에 있는 예쁘고 자그마한 호텔로 정하고, 식사는 호텔 2층에 있는 양식당에서 하기로 했다. 미사리에서 활동하는 통기타 가수도 한 명 초대했다.

　거래처와 함께하는 자리이기도 했고, 한 해 동안 고생한 직원들의 노고를 위로하는 자리여서 여러 가지로 신경을 썼다. 호텔 2층에서는 적당히 강이 내려다 보였고, 저녁나절 강가에 비치는 풍광은 한 폭의 그림이었다. 40석 규모의 작은 식당은 우리가 전세를 내다시피 사용할 수 있었고, 지하에 있는 세미나 룸에는 노래방기계까지 준비가 되어 2부 행사장소로는 안성맞춤이었다.

　식당 안에는 합동송년회를 알리는 현수막이 걸려 있었고, 우리 직원들도 평상시보다 화사하고 밝은 옷차림을 하고 있었다. 호텔이라는 특별한 장소에 어울리는 복장으로 신경을 썼다. 사장님께는 우리가 준비한 감사패를 증정했다. 모여서 식사나 하는 줄로만 알았던 사장님은 적잖이 놀라는 눈치였다.

　가수의 노래를 들으면서 식사하는 일은 나의 희망사항이었다. 기분이 좋아진 탓인지 우리 직원들도 평소와 다르게 와인을 제법 많이 마셨다. 세미나 룸에는 직원들이 준비한 2부 행사가 기다리고 있었다. 머리에 장식을 달고 갖가지 게임을 하면서, 마치 오래된 친구처럼 그분들하고 가까워졌다. 내가 심혈을 기울여 준비했던 촛불행사도 무사히 마쳤다.

　거래처 사장님과 함께 온 임원들은, 송년회를 매년 해봤지만 이런 송년회는 처음이라며 이구동성으로 우리들의 준비와 노력을 칭송했다. 우리 직원들도 그런 분위기를 매우 좋아했다. 내가 꿈꾸던 '직원들과 고객의 동반자 관계'란 이런 것이었다.

송년회를 마치고 집으로 돌아가야 할 시간에 롤케이크를 하나씩 준비했다. 집에 있는 가족, 혹시 잠 안 자고 기다리는 아이들에게는 더 없이 반가운 선물이 될 수 있을 거라고 생각했다. 혼자 먹고, 늦게 빈손으로 들어가는 것에 익숙한 우리들의 송년회 모습을 바꾸고 싶었다.

모두의 탄성을 자아내게 만든 케이크를 하나씩 손에 들고, 직원들과 일일이 송년인사를 나누었다. 모두가 존중받고 모두를 배려하는, 그런 송년회를 꿈꾸면서…….

며칠 뒤, 그 회사에서 전화가 왔다.

"직원들 퇴직연금 가입서류 언제 가져가실 거예요?"

: 직원 가족들과 뮤지컬 :

하이닉스 지점에서 3년간의 생활을 마치고 분당으로 이동할 때는, 마치 3년간 군생활을 마치고 제대하는 기분이었다. 그동안의 파란 만장했던 여정이 떠오르고 슬픈 일, 괴로웠던 일, 행복했던 일들이 파노라마처럼 펼쳐졌다.

나는 직원들을 전부 부부동반으로 서울에 초청했다. 주로 경기도 이천에 사시는 분들이라 서울 나들이가 흔치 않은 일이었지만, 마지막이라고 생각하니 그렇게라도 해서 내 마음을 표현하고 싶었다. 청소를 맡아주셨던 여사님, 농산물 판매장에서 일하셨던 두 분 여사님, 청경분까지 모두 부부동반으로 참석했다. 고마운 일이었다.

우선 서울에 오시게 해서 한창 유행하던 뮤지컬 〈맘마미아〉를 관람하게 해드렸다. 그리고 이름 있는 식당으로 이동하여 궁중요리 한정식을 대접했다. 전 직원이 휴일에 먼 거리까지 와서 부부동반 모임을 한다는 것 자체가 극히 이례적인 일이었다. 가족들은 서먹한 자리임에도 술잔을 꽤나 비우면서 기분 좋아하셨다.

"지점장님이 일을 잘하신다고 소문을 들어서 무척 이성적인 분으로만 알았는데, 오늘 이런 자리를 마련해주시고 직접 뵈니까 아주 감성적인 분이라는 느낌을 받았습니다."

직원 가족분들께서 거듭 감사의 마음을 표해주셨다. 비용은 제법 들었지만 의미 있는 자리였다. 더구나 그분들은 내가 지난 3년간 모든 일들을 함께 나누었던 직원들의 가족들이 아닌가? 직원들은 물론이거니와 가족 분들에게도 꼭 고마운 마음을 전하고 싶었다.

: 꺾기와 교차판매 :

거칠게 하면 꺾기가 되고, 부드럽게 하면 교차판매가 된다. 거칠다는 것은 준비 없이 쉽게 하려는 것이고, 부드럽게 한다는 것은 준비하고 배려하면서 치밀하게 한다는 뜻이다. 내가 필요한 것을 찾는 데는 거의 준비가 필요치 않지만, 고객에게 필요한 것을 찾는 데는 반드시 준비가 필요하다.

내게 필요한 것을 하면 꺾기가 되고, 고객이 필요한 것을 하면 교차판매가 되는 것이다. 말처럼 쉽지 않겠지만 고객이 원하는 것을 찾는 노력은 멈출 수 없는 것이다. 은행도 과거처럼 자기 욕심만 채우려 들어서는 안 된다.

대부분의 여신거래자는 수신거래자와 달리 먼 거리에 거주하고 있다. 반대로 생각하면, 가까이 살고 있는 사람들은 여신거래를 먼 곳의 다른 은행에서 거래할 가능성이 높다는 이야기다. 수신거래자의 여신에 관심을 가져야 하고, 여신거래자의 수신거래에 더 많은 관심을 가져야 한다. 일시적이고 즉흥적인 것이 아니라, 꾸준하고 지속적인 것이어야 한다.

방카나 카드를 끼워 파는 정도로 교차판매를 말하기에는 부족하다. 그나마도 이용률이 떨어져 의미 있는 거래가 되기도 어렵다. 고객의 등급은 고객의 소득수준이나 재산 정도에 기본적으로 영향을 받지만, 거래의 전이용 여부에 따라서 많이 달라질 수 있다. 직원들이 대부분 '탑클래스' 고객으로 분류되는 것은 그 때문이다. 따라서 어떤 고객이든 거래를 전부 이용할 수 있다면 높은 등급의 고객이 될 수 있다는 뜻이다.

그것의 핵심이 여신거래와 수신거래이다. 여신과 수신거래는 은행의 기반 사업이기도 하고, 고객의 등급을 결정짓는 중요한 요소이기도 하다. 여신거래를 주로 이용하는 고객은 대부분 최저 수신이 부족하여 등급이 안 오르고, 수신고객은 손익 기여가 부족하여 등급이 안 오른다. 고객만 교차가 되기도 어렵다. 고객보다 먼저 안에 있는 직원들부터 업무 경험의 교차가 선행되어야 한다.

모바일, 인터넷 거래의 영향으로 찾아오는 고객의 수가 급격히 감소하고 있다. 이런 현상은 앞으로도 지속될 것이다. 이런 상태에서 은행의 고객을 더 이상 늘리거나 창출하는 것은 매우 어려워질 것이다. 수신거래 고객의 여신, 여신거래 고객의 수신에 더 많은 관심을 기울여야 할 때다.

: 철길 너머 작은 은행 :

지점은 옛날 국도변 상가 밀집지역에 위치해 있었다. 지점 앞을 지나는 철길을 육교로 건너야 고객들이 많이 살고 있는 아파트 단지가 있다. 개천가로 길게 늘어선 아파트 단지에는 많은 세대가 살고 있지만, 다른 은행의 자동화기기만 몇 대 있을 뿐이었다. 연세 드신 고객들도 수수료를 내면서 타행기계를 이용하거나, 힘들게 우리 지점까지 방문해야만 한다. 아니면 수수료를 아끼기 위해 거래를 타행으로 옮겨야 했다.

주변을 돌아보면서 내가 고객이라면 어떻게 할까 생각해봤다. 당연히 다른 은행으로 거래를 옮겨야 할 것 같았다. 굳이 수수료를 부담하면서 현금을 인출할 이유가 없기 때문이다. 여전히 우리 농협을 이용하는 고객이 그저 신기할 따름이었다.

막상 아파트 내에 우리농협의 ATM기를 설치하려고 하니 장소가 마땅치 않았다. 타행기계 옆에 나란히 설치하려니 시야를 가린다고 반대가 심하고, 다른 곳을 찾자니 장소가 외진 곳이어서 마음에 들지 않았다. 하는 수 없이 부녀회를 동원해야 했다.

부녀회 간부 몇 분이 반대하던 해당 은행에 찾아가 실력행사를 했다. 주민편의를 위해 하는 일인데 무슨 근거로 반대하느냐는 것이었다.

다음날 해당은행에서 전화가 왔다.

"아무 곳이나 원하는 곳에 설치하십시오."

아파트 부녀회는 듣던 대로 파워가 막강했다. 설치하자마자 이용건수가 폭발했다. 순식간에 하루에 200건 이상 사용되었다. 타행이 먼저 들어와서 자리를 잡고 있었고, 그동안 우리는 방치상태나 다름없었던 지역이라 걱정했으나 기우였다. 왜 이제야 들어왔느냐고 항의하듯 이용건수가 늘어났다. 그동안 고객들의 불편함이 이용숫자로 밀려오는 듯했다.

6개월 후, 조금 더 떨어진 곳에 추가로 1대를 더 설치하기로 했다. 이번에는 주민센터 앞이었다. 유동인구가 많고 눈에 잘 띄는 곳이라서 적지라고 판단했다. 하지만 또 반대가 심했다. 내가 좋으면 남이 싫은 것이다. 주민센터 앞을 특정은행의 자동화기기 설치장소로 제공할 수 없다는 것이었다. 공익시설이기 때문에 특정인에게 혜택을 줄 수는 없다는 설명이다.

나는 주민의 이용 편의가 우선이라는 주장을 폈고. 주민들의 동의를 얻어 동장님도 설득했지만 실무진의 반대에 부딪쳤다. 이번에는 주민들을 동원해 여론전을 펴야 했다. 이윽고 절충안이 나왔으나, 눈에 잘 띄지 않는 측면에 설치하라는 것이었다.

나는 당초의 뜻을 굽힐 수가 없었다. '보이지 않으면 이용이 안 되고, 이용이 안 되면 편의도 없다.'는 것이 나의 일관된 주장이었다. 하지만 관공서 입장에서 보면 적반하장이요, 어이없는 주장이기도 했다. 결국, 구청에 설치도면을 제출하고 정식으로 승인을 받은 뒤에 주민센터 정면에 농협의 자동화 코너를 설치하고 불을 밝힐 수 있었다.

그동안 관공서 건물 내에 기계를 설치해놓고, 이용고객이 별로 없어 유명무실한 서비스가 되었던 곳을 숱하게 봐왔다. 그래서 눈에 잘 띄어 이용이 잘 되길 바라는 마음으로 고집을 피웠던 것이다. 연간 수천만 원의 예산이 들어가는 일이니, 효율성을 따지는 것은 너무도 당연한 일이었다.

철길 너머 두 개의 작은 은행이 불을 밝혔고, 거래하는 고객의 수도 꾸준히 늘어났다.

: 센스와 체면 :

내 차 안에는 요즘 한창 주가를 날리고 있는 모 회사 화장품이 준비되어 있다. 케이스가 중후하고 예뻐서, 나이든 여성들이 가방에 하나쯤 소장하고 싶어 하는 제품이다. 언젠가 백화점에 들러 선물하기 좋은 물건을 두리번거리며 찾아다니다가 눈에 띈 것이다.

어느 날 나는 퇴직연금 유치를 위해 공을 들이는 회사 사장님과 운동을 하게 되었다. 그 회사는 대부분 직원들이 연구 인력이라 퇴직연금 가입금액이 제법 컸지만, 이미 다른 금융기관과 거래하고 있었다. 우리 지점이 업적 1등을 하는 데는 그 회사의 퇴직연금을 유치하는 것이 필수적이었다.

그런데 사장님과 함께 나오기로 되었던 동반자 대신 다른 사람이 필드에 나왔다. 사모님이었다. 운동을 마치고, 마침 차 안에 가지고 다니던 화장품을 재빨리 가져왔다. 마치 이런 일이 있을 줄 미리 알기라도 한 것처럼 준비된 선물을 의기양양하게 사모님에게 전달했다.

"사모님, 이런 거 쓰시나요?"

"어머! 이게 뭐예요? 아유, 너무 예쁘다."

예쁜 화장품 케이스를 본 사모님은 매우 만족해했다. 그 모습을 보던 사장님도 어깨가 으쓱해지는 듯 보였다. 모처럼 푸짐하게 저녁을 사고, 안주로 연어 샐러드까지 시켰다. 사장님은 짠기로 소문난 분이어서 본인이 회원인 골프장을 이용할 때에도 클럽하우스를 이용하는 일이 거의 없었다고 한다. 항상 밖에서 설렁탕으로 식사를 때우곤 했는데 오늘만큼은 다른 모습이었다.

아이처럼 좋아하는 사모님 덕분에 사장님의 기분이 잔뜩 부풀어 오르셨던 것이다. 사장님하고는 가끔씩 맛집을 찾아다니며 충분히 교분을 쌓은 사이인데도, 마음까지 활짝 열린 사이는 아니었다. 왠지 서먹한 부분이 남아 있었다. 그런데 사모님이 기뻐하시는 모습을 보자, 단박에 사장님 얼굴이 환하게 밝아졌다.

상품은 내용이 중요하지만 어떤 때는 내용보다 껍데기, 껍데기보다 타이밍이 중요하다. 타이밍이 바로 '센스'다.

타이밍

마케팅은 타이밍이다. 조건이 먼저겠지만 같은 조건에서도 타이밍이 맞지 않으면 일이 성사되지 않는다. 잘못된 결정에 대한 두려움은 항상 있는 것이므로 두려움과 조바심이 사라진 평온하고 기분 좋은 상태가 최적의 타이밍이다. 타이밍을 못 맞추면 실패의 확률이 높아진다. 성공하더라도 뒤탈이 생기게 마련이다.

타이밍을 맞추는 일은 고도의 감각적인 판단이기도 하다. 굳이 말을 하지 않고도 알 수 있는 센스 같은 것이다. 분위기를 감지하여 타이밍을 잡아내는 것이다. 타이밍이란 내가 필요하거나 아쉬운 순간이 아니라, 상대가 필요하거나 기분 좋아진 순간이다.

우리에게
희망은 있는가

: 은행원은 행복한가? :

한 시절 은행원이 최고의 직업으로 자리 잡았던 적도 있었다. 요즘엔 아닌 것 같다. 은행원도 정년이 보장되지 않는 직장으로 전락했고, 밖에서 보는 것과 달리 시달리는 일들도 많다. 여전히 다른 어떤 직종에 비해 안정된 근무여건을 가지고 있는 것도 사실이지만, 과거에 비해 은행원들도 여러 가지 불확실성과 불안요소에 시달리고 있다.

우선 현장에서 일하는 은행원들이 겪고 있는 애로사항은 다음과 같은 것들이 있다.

실적부담

우선 실적부담이 은행원들에게 상당한 압박으로 다가온다. 심지어 지점장이 과도한 실적부담을 견디지 못하고 자살하는 일도 벌어지고 있으니 말이다. 지점장들이 실적 때문에 명예퇴직 등 무한 압박을 당하고 있는 중에 행원들이라고 평탄할 수 있겠는가. 지점 실적, 팀 실적, 개인 실적으로 사무직, 영업직을 겸하고 있는 셈이다.

금전사고

요즈음 조금 나아지기는 했지만, 금전사고는 은행이 가지는 특성 중의 하나이다. 오죽하면 은행원들의 급여가 높다는 지적이 있었을 때, 금전사고에 대한 위험수당이 포함되어 있기 때문이라는 말이 나왔을까. 많은 은행원들이 실제로 금전사고에 노출되어 있다. 징계, 변상 등은 또 다른 형태의 사고부담이다.

감정노동

다음은 대표적 감정노동자로서 은행원들이 고객의 민원과 폭언 등에 시달리며 자존감에 심각한 상처를 받고 있다. 고객만족경영이 불어오면서 그런 현상이 더욱 심해졌다. "고객은 왕이다."라고 외치는 사이, 고객은 상전이 되어 있었고 고객을 대하는 직원들은 하인처럼 되고 만 것이다. 함부로 말하고 떼쓰고 야단치고 심지어 욕지거리를 일삼는 불량고객에게 지치고 상처받는 현실이 안타깝다.

순환근무

순환근무도 금융기관에 특별히 요구되는 제도이다. 한곳에 오래 머물러 있어도 힘들겠지만, 익숙해질 만하면 다른 곳으로 옮겨야 하니 그것도 힘든 일이다. 물론 사고예방의 차원에서 하는 일이지만, 잦은 이동은 은행원들에게 또 하나의 스트레스다.

직무교육

다음은 직무교육이다. 예전에는 한 번 습득한 지식으로 5년, 10년간 써먹을 수 있었다. 지금은 아니다. 자고 나면 바뀌는 제도에, 새로운 상품에 눈코 뜰 사이 없이 바쁘다. 각종 자격증 시험에 공부도 많이 해야 한다. 취직을 위해 쌓는 자격증보다, 창구에서 살아남기 위해 챙겨야 하는 자격증이 더 많을 정도다.

점심교대

끝으로 점심교대다. 다른 직종의 회사 직원들은 점심시간에 운동을 한다거나 공부를 하는 등 식사를 마치고 20~30분 여유 있는 시간을 즐긴다. 하지만 은행원들은 점심시간에 훨씬 더 바쁘다. 밥도 먹는 둥 마는 둥 허겁지겁 마치고, 교대를 해야 한다. 교대 중에는 일이 밀려 허둥거린다. 점심 한 끼 먹는 일이 죄 짓는 기분이 들 때가 참 많다.

겉보기와 다르게, 은행원이라서 좋은 점도 많지만 어려운 일들도 많다.

： 직장인의 꿈 ：

직장인의 꿈을 나는 이렇게 정의한다. 적당히 일하고, 성과는 잘 내고, 주위사람과 잘 지내는 것. 좋은 말이지만, 적당히 일하는 것으로 성과를 잘 내는 것이 가능하냐는 문제에 부딪히게 된다.

적당히 일하기 _ 눈치, 요령, 앞장, 밀당

여기서 '적당히'라는 말은 임시변통으로 대충한다는 속된 표현의 의미가 아니라, 말 그대로 '정도나 이치에 꼭 맞게'라는 사전적 의미로 해석해야 한다. 다시 말해, 죽어라고 일해서 성과는 못 내고 주위 사람들과 불편하게 지낸다는 말의 반대 개념으로 이해하는 것이 좋을 듯싶다.

적당히 일하기 위해서 우리가 갖춰야 할 몇 가지 조건이 있는데, 그것은 눈치, 요령, 앞장, 밀당이다.

먼저, '눈치'란 말 그대로 다른 사람의 기분을 빨리 알아차리는 능력을 말한다. 고객들의 표정을 통해서 우리가 개선할 점을 찾아 고쳐나가는 것도, 직원들과의 의사소통도 대부분 눈치에 의존한다. "눈치가 빠르면 절에서도 젓국을 얻어먹는다."는 말이 있다. 집에서 키우는 강아지도 눈치로 주인의 행동을 알아챈다.

다음으로 '요령'이 있어야 한다. 모든 일에는 요령이 있다. 요령이 없으면 힘만 빼고 성과는 떨어진다. 일에 요령이 있는 것처럼, 일의 결과에 대한 성과 분석이나 평가 측정에도 요령이 있다. 요령이 있고 없고에 따라서 일에 대한 결과가 달라진다. 이런 요령은 끊임없이 핵심을 파악하고, 응용력을 키우는 과정에서 형성된다.

그 다음이 '앞장'이다. 모든 일에 앞장을 설 수는 없다. 그러나 조직이 위기에 처했을 때는 앞장서서 위기를 헤쳐나가는 태도가 '적당히 일하기' 위한 조건에 해당한다. 그럴 때 자리를 비우면 평소에 아무리 일을 잘해도 인정받기 어렵다고 보아야 할 것이다.

끝으로 '밀당'이다. 어색한 것은 익숙하게 만들고, 익숙한 것은 어색하게 만들어가는 과정을 두고 '밀당'이라고 표현한다. 친근감과 거리감을 적절히 조절하여 긴장을 유지하는 것이다. 이러한 긴장은 구성원들이 해야 할 일은 반드시 하도록 만들고, 하지 말아야 할 일은 반드시 하지 않도록 만드는 역할을 한다.

성과를 잘 내기 _ 종업원의 마음, 주인의 마음

어떻게 하면 직원들의 능력을 키울 수 있는가? 무엇보다 마음이 바뀌어야 한다. 즉, 직원들의 마음을 지점장의 마음으로 바꿔야 한다. 그것은 바로 종업원의 마음을 주인의 마음으로 바꾸는 것이다. 그런 다음, 마음에 걸맞는 능력을 키우는 것이다. 꿈같은 이야기다.

주인의 마음으로 일하는 종업원이 능력을 발휘하면 최고의 성과를 가져올 수 있지만, 그건 시키거나 강요한다고 되는 일은 아니다. 공감의 능력이 필요하다. 사장의 마음으로 일하는 직원의 수를 늘리고, 직원을 대신할 수 있는 책임자 수를 늘리는 것이 영업 성과를 끌어 올릴 수 있는 최선의 방법이 아닐까? 마지막 신의 한 수는 역시 '진정성'이다.

주위 사람과 잘 지내기 _ 배려, 업무성과, 공감능력

주위 사람과 잘 지내기 위해서는 타인에 대한 배려와 업무에 대한 성과, 그리고 공감능력을 꼽고 싶다.

다른 사람을 보살피고 도와주려고 애쓰는 마음 즉, '배려'가 부족하면 아무리 지략이 뛰어나고 능력이 출중해도 사람이 따르지 않는다. 세상에 독불장군은 없는 법, 혼자서 제아무리 잘한들 무슨 소용이 있겠는가.

다음엔 역시 일의 '성과'가 있어야 한다. 성과가 좋아야 주위사람들에게 너그러워진다. 이유 없이 짜증이 난다고 하는데 이유가 없는 것이 아니라 성과가 나질 않는 것이다. 이유를 말하고 싶지 않을 뿐이다.

마지막으로 '공감능력'을 짚어보자. 그중에는 리액션, 칭찬, 신체언어, 유머 등을 들고 싶다. 리액션에 강한 직원들은 고객들과의 소통에 강한 면모를 보이고 있다. 상대방을 존중하는 데 이만한 좋은 방법이 또 있을까 싶다. 젊은 여성들은 진짜? 헐! 대~박, 등 간단한 단어만으로 충분히 대화가 가능하다고 한다. 세상에는 맞장구칠 줄 몰라 힘들어 하는 사람들이 너무 많다.

칭찬에 관해서 여러 가지 효과를 얘기하는 분들이 많다. 너무 남발해도 의도가 있는 것으로 느껴져 별 효과가 없다고 한다. 습관적으로 하는 것도 마찬가지다. 최고의 칭찬은 다른 사람을 통해서 전해 듣는 것이다. 자랑하고 싶은 욕구와 칭찬받고 싶은 욕구, 두 가지를 한꺼번에 해결해주기 때문이다.

남자들은 자신의 능력에 관해서 칭찬받고 싶어 한다. 잘했어! 대단해! 이 한마디로 힘든 줄 모르고 일한다. 이래저래 남자들은 힘쓸 일만 남았다.

신체언어는 모든 사람의 숨겨진 의사를 알아내는 중요한 도구다. 자신의 생각이나 감정을 실제로는 언어로 전달하는 것보다 보디랭귀지를 통해 전달하는 경우가 많다고 한다. "그런 말 하는 직원들이 없었는데, 이상하다?" 이렇게 말한다면, 스스로 신체언어를 해독하는 공감능력이 떨어지는 사람이라고 고백하는 것과 같다.

훌륭한 리더들에게서 나타나는 한 가지 공통점은, 그들 모두 신체언어를 해독하는 데 동물적인 감각을 지니고 있다는 점이라고 한다. 그런 능력이 있으면 많은 위험을 피해갈 수도 있다. 실제로 은행에서 발생하는 여러 가지 위험과 부실징후 등이 신체언어로 나타나는 경우가 많다. 직원들이 여러 가지 서류를 작성하고, 일을 처리하느라 제대로 발견하지 못하는 것은 안타까운 일이다.

마지막으로 '유머'를 들 수 있다. 유머가 있는 사람은 같은 잘못을 해도 용서받기가 쉽다. 유머는 분위기를 유하게 만들어 사람들을 유쾌하게 이끄는 데 도움을 준다. 그러나 너무 웃기려고 애쓸 필요는 없다. 쓸데없이 성희롱에 엮이는 사람도 여럿 보았다. 웃기는 것보다 웃어주는 편이 훨씬 좋다.

: 나를 움직이는 힘 :

나를 움직이는 힘은 직장에 대한 감사, 고객에 대한 관심, 그리고 직원들의 눈빛이었다.

직장에 대한 감사

유행가 가사에 나오는 말처럼 서른 즈음에 나는 직장인으로 철이 들었다. 책임자가 되고, 직원들을 통솔하는 입장이 되고 나서야 직원들이 못하는 일을 해봐야겠다는 충동도 느꼈고, 직장에 대해 감사의 마음도 생기기 시작했다.

그 전까지는 별로 하는 일도 없으면서 얼굴에는 늘 불만이 가득했고, 나 잘난 생각으로 모든 것이 부족하고 미흡하다는 생각뿐이었다. 직장을 그저 당연한 삶의 일부분인 것쯤으로 여기고, 어디만 못하고 어디보다 모자란다는 식의 투정으로 일관한 것이 아니었나 싶다. 나 혼자의 힘으로 해낼 수 있는 일이 별로 없다는 사실을 깨닫고 나서야 직장의 소중함을 알게 되었다.

고객에 대한 관심

고객이 우리를 찾아오는 일을 당연한 것으로 생각하고, 고객의 요구사항이 있을 땐 피할 궁리부터 했다. 고객은 나에게 불편하고 귀찮은 존재였기 때문이다. 그러나 거래처의 호응을 얻으면서 실적을 만드는 법을 알게 되었고, 직장과 직원들로부터도 인정을 받게 되면서 고객에 대한 마음가짐이 달라졌다.

차츰 고객들과 교감하고 그들이 원하는 것에 가까이 다가가는 법을 터득했다. 고객에 대한 관심과 호응이 만들어준 실적은 '나를 움직이는 힘'이 되어갔다.

직원들의 눈빛

　무엇인가 해보려는 '직원들의 눈빛'은 나를 움직이는 힘이다. 무언가 한번 이루어 봤으면 좋겠다는 직원들의 눈빛을 보면 나는 참을 수가 없었다. 기어코 무슨 일을 만들어 저들의 소원을 풀어주어야만 할 것 같았다.

　그것은 마치, 사랑하는 아이들에게 갖고 싶어 하던 장난감을 손에 쥐어주는 마음 같다고나 해야 할까? 말할 수 없는 뿌듯함을 느꼈다. 그것이 나를 움직이는 힘이었다.

　"나도 한때는 열심히 한다고 해봤지만, 소용없는 일이더라."

　"열심히 해봐야 사고만 생기고, 남는 건 후회뿐이다."

　나에게도 아슬아슬했던 적이 없었던 것은 아니지만, 직원들의 눈빛을 보고 힘을 쏟았던 지난날에 후회는 없다. 여기저기 다니면서 후배들에게 듣곤 하는 말, "부행장님을 정말 존경합니다!" 이 한마디가 있기 때문이다.

: 훌륭한 상사란? :

　훌륭한 상사란, 직원들이 못하는 일을 해내는 사람이다. 누구나 할 수 있는 일을 하기보다 직원들이 못하는 일을 해내야 훌륭한 상사로 여겨질 것이다.

　직원들이 감당하기 어려운 일들을 하나씩 해결할 때마다, 훌륭한 상사의 길로 점점 더 가까이 가는 것이다. 골치 아픈 일은 아래로 떠넘기고, 생색나는 일은 자기가 가로채는 상사가 있다면 과연 직원들이 그를 진정한 리더로 생각하겠는가?

중요한 순간을 외면한 상사를 마음으로 따르는 직원은 어디에도 없다. 따르는 직원 없이 출세한 사람은 있을지 몰라도, 위대한 결과를 만들어낸 상사는 없을 것이다.

골치 아픈 민원

아무 때나 최고 책임자가 나설 일은 아니지만, 지점장을 찾는 민원일 경우에는 만나는 자체가 목적인 경우가 많으므로 굳이 피할 필요가 없다. 사소한 일이었지만 굳이 지점장의 사과를 요구하는 고객을 직접 방문했던 사실을 두고, 직원은 지금도 그때 일을 떠올리면서 몸 둘 바를 몰라 한다. 내가 피하거나 화를 낸 것보다 몇 배의 효과가 있었다.

직원의 금전사고

은행에서 근무하는 직원들에게 가장 힘들고 난처한 일 중 하나가 금전사고이다. 항상 조심하지만 업무가 미숙한 직원들에게는 종종 사고가 발생한다. 다행히 원인을 밝혀내고 찾는 경우도 있지만 결국 직원이 물어내는 경우도 많다. 어쩔 수 없이 각자가 책임질 수밖에 없는 일이지만, 급여가 아주 적은 직원들의 경우는 모른 척할 수가 없다.

창구에서 일어나는 사고는 그래도 사소한 편이다. 여신, 외환, 카드 등과 관련한 사고는 금액이 매우 크다. 이러한 사고의 예방은 경영자의 빠른 정보 접근과 다양한 경험, 판단력을 최고의 수준으로 요구한다. 대체로 최고 경영자에게는 중요한 정보가 가장 늦게 전달된다. 그가 좋아하는 정보만 전달하기 때문이다.

새로운 거래처 유치

지점장이면 누구나 꿈꾸고 해보고 싶은 일 중의 하나이다. 새로운 거래처를 발굴하고 유치하는 일은 항상 설레고 흐뭇한 것이다. 마치 새로운 사람과 연애를 시작한 기분이라고 해야 할까? 많은 노력과 정성이 필요한 일이지만, 가슴 뿌듯하고 스스로가 대견스럽게 느껴지는 최고의 순간이다.

사무소장에게 새로운 거래처라 함은, 아무래도 개인보다는 기업체를 말하는 것이다. 개인고객도 물론 중요하지만 지점성과의 판을 움직이는 데에는 개인고객만으로는 부족하다. 처음 기업체를 찾아나갈 때는 그 업체의 주요제품, 매출액, 여신규모 정도를 사전에 파악한 뒤 적당히 대화를 끌어나가는 게 좋다.

너무 자세히 알고 나가서 단번에 거리를 좁히려고 성급하게 굴거나, 집요한 장사꾼의 느낌을 주면 오히려 거부감이 생길 수 있다. 반대로 아무런 준비 없이 나가서 연신 "잘 부탁드린다."는 인사만 건네는 것 또한 맹탕이다. 연애하는 것과 똑같다.

가까운 곳부터, 갈 수 있는 곳부터 찾아 나서야 한다. 부지런히 발로 뛰는 것 말고 다른 좋은 방법을 아는 사람이 있다면 말해보라! 앞에서도 이야기했듯이 아는 사람을 찾아가는 것은 별로 도움이 되지 않는다. 상대방에게 부담만 주고 상처받기 쉽다.

직무능력 향상과 문제직원 관리

직원의 미래는 입사 후 5년 이내에 결정된다. 사무소장은 다양한 업무기회를 통해 자신감을 길러주고 '성공한 기억'을 심어주어야 한다. 개인과 조직의 미래를 위한 지점장의 중요한 책무다. 당장의 안전하고 쉬운 업무처리를 위해 고참 위주의 업무분담을 하다가는 옛날 우리 축구팀처럼 될 것이다. 처음 5년의 경험이 평생을 좌우한다. 서열에 밀려 벙어리 3년, 귀머거리 3년 하다가는 뒤늦게 하려고 해도 부자연스럽고 어색해서 몸이 말을 듣지 않는다.

"문제직원은 어디에나 있다. 만약 없다면, 본인을 의심해보라!"는 말이 있듯이, 어느 조직에서나 낙오하거나 생산성이 떨어지는 직원은 있게 마련이다. 이런 직원들에 대한 관리 방법은 은행마다 조금씩 다르다.

당연히 다른 직원들과 지점장들의 최대 골칫거리인데도, 뾰족한 방법이 눈에 안 들어온다. 아니 있다고 해도 활용이 쉽지 않다. 예전에는 허드렛일을 지점 내에서 처리했지만, 요즘은 전부 아웃소싱을 하고 보니 생산성이 떨어지는 직원들에 대한 문제가 매우 어렵다. 지금까지는 거의 지점장에게 맡겨두는 형편이었지만, 조직차원에서 접근하고 해결해야 할 문제라고 생각한다.

환경개선

점포환경은 점포에 따라 천차만별이다. 그러나 어찌됐든 화장실, 탈의실, 휴게실, 식당만큼은 사무소장이 최대로 신경 써서 해결해줘야 한다고 믿는다. 참고 견딜 일이 아니라 우선해서 해결해야 할 문제다.

이것은 단순히 복리후생의 문제가 아니다.

　나는 가는 지점마다 이 문제를 제일로 중요하게 생각하고 가장 먼저 해결하려고 노력했다. 대접받지 못하면 남을 대접하는 일을 하기 어렵기 때문이다.

： 우리에게 희망은 있는가? ：

　"과연 우리에게 희망이 있는가?"라는 물음에 대하여, 나는 따뜻함과 정직성 그리고 밸런스와 자신감을 전제조건으로 꼽고 싶다.

따뜻함

　냉엄한 금융현실과 사회환경 속에서 얼음처럼 차가운 이성의 잣대와 판단이 필요하지만, 우리들의 마음 한가운데에는 언제나 불덩이처럼 뜨거운 감성이 있어야 한다. 부족한 것이 많고 삶이 힘든 사람들을 향해서는 더욱 그렇다. 어쩌면 그 따뜻함이 농협의 존재 이유일지도 모른다.

정직성

　다음으로 꼽는 것이 정직성이다. 신뢰를 저버리면 우리는 끝이다. 많은 사건사고가 끊이지 않고 발생하는 가운데, 정직하지 못해서 발생한 사고에 대해서는 유독 혹독한 여론의 질타를 받게 된다. 신뢰가 농협의 생명이기 때문이다.

"다른 곳은 몰라도 농협에서는 국민을 속이면 안 되지요."

보통의 상인이라면 '어쩔 수 없는 일'이라고 치면서도 '농협만큼은 자신들을 속이면 안 된다'는 절대적 기준이 국민들 사이에 형성되어 있다.

"농협은 믿을만 하다."는 사람들의 인식은 우리에게 엄청난 부담이 되기도 하지만 동시에 자산이기도 하다. 우리가 정직과 신뢰를 버리지 않는 한 희망이 있는 것이다. 좀 모자란 것은 용서받을 수도 있고 기다려줄 수도 있지만, 정직하지 못한 것은 모든 것을 한 순간에 날려버릴 수 있는 아주 무서운 것이다.

밸런스

다음으로 강조하고 싶은 것이 균형과 조화를 뜻하는 밸런스다. 나이든 사람과 젊은 사람, 도시와 농촌, 아는 사람과 모르는 사람, 오래된 일과 새로운 일, 잘사는 사람과 못사는 사람, 그들 사이에서 균형을 잡아주는 역할을 하는 것이 농협의 생명력을 키우는 것이고 가치를 존속시키는 것이다.

가뜩이나 소득불균형, 기회불평등으로 우리사회는 계층의 분화와 이념적 대립의 골이 깊어지고 있다. 균형은 우리 몸의 좌우의 중심을 잡아주는 척추와 같다. 중심이 무너지면 몸이 망가지듯 균형이 흐트러지면 사회가 혼란해진다. 모든 것이 균형을 잃으면 무너지기 쉬운 것이다.

성급하게 생산성의 잣대만으로 농협의 기능과 역할을 재단하는 것은 위험한 일이다. 기술적인 측면뿐만 아니라 가치의 측면에서도 균형은 우리의 조직과 사회에 꼭 필요한 요소라는 점을 간과해서는 안 된다.

생산성만이 능사는 아니다.

자신감

끝으로 자신감이다. 마케팅이든 사업이든 주눅이 들면 끝장이다. 자신감이 있어야 한다. 교만하지 않은 자신감이 우리를 성공의 길로 이끈다. 그런 자신감은 타인에 대한 깊숙한 배려에서 나온다. 태생적인 한계처럼 여겨지는 '주눅'에서 벗어나, 세상과 교류하며 미래에 도전하는 자신감이 우리의 희망이다.

힘이 들 때도 있고 다소 뒤떨어질 때도 있지만, 인간과 사회를 보듬고 마지막까지 우리를 지켜줄 수 있는 따뜻함과 정직성, 그리고 모든 계층의 이해와 차이를 좁혀줄 밸런스와 든든한 자신감이 있는 한 우리에게 희망은 있다.

나의 뒷모습

"책 언제 나와요?"

더 이상 이런 말을 듣지 않을 수 있게 되어 마음은 홀가분하다. 나의 이야기, 또 나와 함께 했던 사람들의 이야기를 활자로 남기는 일은 남에게 속살을 보이는 것처럼 부끄러운 일이기도 하다. 자랑거리만 골라서 썼건만 마음에는 온통 반성거리만 남는 것은 무슨 까닭일까? 직장과 동료 직원들에게 감사하는 마음으로 애써 부족한 글을 남긴다.

어떤 결핍이 그토록 간절한 열정을 가져다주었는지 정확하게 알 수는 없지만, '우리도 잘할 수 있다.'는 믿음만큼은 부족하지 않았다. 공감이라는 소중한 가치가 외면당하는 풍조 속에서도 창의적인 발상과 자유로운 상상만큼은 포기할 수 없었다. 늘 새로운 일을 만들고 키워나가려는 습성으로 인해 내 옆에서 힘들었던 직원들도 있었을 것이다. 그러나 그들 역시 내가 지치고 어려울 때마다 나에게 커다란 힘이 되어주었던 존재다.

나는 비록 위대한 사람은 아니지만, 책임자로서 '위대한 일'을 해보고 싶어 했다. 직원들이 못하는 일을 내가 해낼 때가 가장 행복했다. 소기의 성과를 거두고 지금까지 자랑할 수 있는 것도 나를 기다려준 농협과 내가 사랑하는 직원들이 있었기에 가능했던 것이다.

고객이 원하는 것 가까이 가다 보면, 언젠가 우리도 소위 '잘나가는 은행'이 될 수 있을 거라는 기대, 농협은 다른 은행만 못할 거라는 '세상의 편견'을 바꿔 보겠다는 무모함, 이제는 내려놓고 싶다. 떠나야 할 때가 온 것이다. 그럴 수 있는 가능성의 백분의 일이라도 세상에 남겨 놓고 떠나는 나의 뒷모습이 부끄럽지 않기를 바랄 뿐이다.

: 감사의 인사 :

부모님 모시고 자식들 키우면서 아내와 함께 행복한 가정을 가꿀 수 있도록 나를 지탱시켜준 직장에 대한 고마움을 잊지 않을 것이다. 나와 같이 일하면서 내게 많은 도움을 주었던 직장의 선후배, 동료들에게도 한없는 감사의 인사를 드린다. 함께 일하는 동안 보여줬던 직원들의 희생과 헌신에 거듭 감사드린다.

이미 교육원이나 사무소단위 강의를 통해서 만났고, 나와 많은 공감을 나누었던 후배 직원들도 빼놓을 수 없다. 사실 책을 쓰게 된 결정적인 이유가 그들에게 있다. 강의시간을 통해서 다할 수 없었던 이야기를 책으로 출간했기 때문이다.

책이 나오기까지 두 번 세 번 원고를 읽어가며 평을 해주고, 힘든 교정 일을 자청해서 도와준 지인들에게도 많은 신세를 졌다. 부족한 글을 책으로 만들어준 북에디션 출판사 관계자 여러분께도 마음 깊이 고마움의 인사를 전하고 싶다.